전쟁하는
인간
ㄴㄴ

반 가 워 청 소 년 교 양 001

전쟁하는 이가 ㄴ ㄴ

개인의 의지로 평화는 가능한가

김준형 글 | 이두나 그림

풀빛미디어
Pulbit media

머리말

　인간의 특성을 라틴어 한마디로 정의하는 말이 꽤 있습니다. 정치적 동물, 도구를 사용하는 존재, 놀이하는 존재 등으로 자주 묘사됩니다. 인간은 전쟁하는 존재라는 뜻에서 호모 벨리쿠스Homo Bellicus라고도 부릅니다. 별로 달갑지 않은 명칭이지만 받아들일 수밖에 없는 상당한 진실을 담고 있습니다.

　본문에도 소개하듯이 전쟁은 인류 역사의 가장 오래되고 반복되는 현상 중 하나로써, 아인슈타인은 "인간이 존재하는 한 전쟁은 사라지지 않는다."고 말했습니다. 서기전 3000년경부터 서기 1950년까지 약 5,000년 동안 1만 4,500여 건의 전쟁이 일어났다고 합니다. 그 5,000년 동안 92%는 전쟁 중이었고 단 8%만 평화의 시간이었습니다. 지금도 전쟁, 또는 전쟁과 유사한 폭력 행위가 약 60개국에서 벌어지고 있습니다.

이쯤 되면 인간은 아예 전쟁 유전자를 몸 안에 지니고 있다는 주장을 거부하기 쉽지 않을 것 같습니다. 전쟁이 일어나는 이유가 인간이 가진 폭력성 때문인지, 아니면 살아가는 환경에 따라 일어나기도 하고, 안 일어나기도 하는 것인지에 대해서는 학계에서 논쟁이 되어왔습니다. 아직 논쟁이 해소된 것은 아니지만, 다음과 같이 타협적 결론은 내릴 수 있습니다.

"인간은 전쟁을 향한 폭력적 성향이 있지만, 그것이 전쟁에 이르는 데 절대적인 힘을 발휘하지는 않는다."

인간이 이룩한 문명을 보면 폭력의 본성만 있는 것이 아니라, 평화와 협력의 본성도 있음을 알 수 있습니다. 만약에 인간의 유전자 속에 폭력 본능이 있더라도 인간에게는 이성이 있고, 이성으로 폭력성을 억누를 수 있습니다. 그러므로 전쟁은 하나만의 이유라기보다는 여러 가지 원인이 합쳐진 결과라고 할 수 있습니다.

필자는 우리가 모두 노력하면 폭력과 전쟁은 멈출 수 있다고 믿습니다. 너무 순진하고 이상적이라고 들릴 수도 있겠지만 포기하지만 않는다면 가능하다고 생각합니다. 인간이 때로 짐승보다 더 폭력적이지만, 동시에 자신보다 약한 것을 감싸 안을 수 있는 존재입니다. 또한 전쟁은 꾸준한 노력으로 통제할 수 있습니다. 전쟁에 있어 둘째가라면 서러워할 바이킹 족의 후손인 스웨덴 사람들은 지난 200년 동안 단 한 번도 전쟁을 하지 않았답니다.

전쟁에 관한 책을 쓴 이유는 인간이 가진 전쟁 본능을 숙명적으로 받아들이자는 뜻이 결코 아닙니다. 정반대로 전쟁의 다양한 측면을 잘 공부한 다음 '전쟁하는 인간'에서 '평화하는 인간'으로 변화하자는 뜻이었어요. 유명한 라틴어 표현 '호모 사피엔스'는 지혜로운 인간이라는 말입니다. 그래요! 지혜로운 인간은 전쟁보다 평화하는 인간으로 살아야 하는 존재입니다.

가끔 사람들은 전쟁은 피할 수 없다 믿고, 전쟁으로 문제를 해결하려는 유혹을 받습니다. 하지만 역사상 어떤 전쟁도 깔끔하게 끝나거나 문제가 해결된 경우는 없었습니다. 전쟁은 해결의 일부가 아니라 새로운 문제의 일부일 뿐입니다. 반대로 평화야말로 곧 문제의 해결입니다.

그렇지만 전쟁이 없다고 자동으로 평화가 이루어지지는 않습니다. 전쟁은 당연히 없어야 하지만, 우리가 평화로운 삶을 살기 위해서 없어져야 할 것은 모든 종류의 폭력입니다. 그래서 현대의 평화 개념은 전쟁 방지를 넘어 사람을 괴롭히는 모든 문제를 포함합니다. 우리의 삶이  행복하며, 약자를 차별하거나 소외하지 않는 것이 진짜 평화라는 말입니다. 물론 전쟁이 평화를 위협하는 가장 큰 적이지만 전쟁이 없더라도 차별, 소외, 가난, 공포, 억압 같은 것도 얼마든지 폭력이 되어 우리를 불행하게 할 수 있는 것입니다.

오래도록 사람들 사이에 "평화를 원하면 전쟁을 준비하라."는 말이 강한 영향을 끼쳤습니다. 하지만 이 전쟁에 관한 책을 잘 공부한 다음 평화학자 디터 젱하스의 말처럼 다르게 생각했으면 좋겠습니다. "평화를 원하면 평화를 준비하라Si vis pacem, para pacem."라고 말입니다.

김준형

차례

**"전쟁은 나쁜 인간을 없애기보다
오히려 더 많이 만들어낸다."**

● 전쟁론의 대가 카를 폰 클라우제비츠Kar von Clausewitz

제 1 장

전쟁은 무엇인가?

전쟁의 정의와
전쟁을 바라보는 관점들

전쟁을 한마디로 설명하기란 쉽지 않습니다. 현재 폭넓게 받아
들여지는 군사학적인 전쟁은 "조직된 정치집단이 그들의 정치
적 목적을 다른 집단에 강제하기 위해 사용하는 폭력 행위"로
정의됩니다. 이 장에서는 여기서 한 걸음 더 들어가 다양한 전
쟁의 정의를 살펴봅니다.

전쟁을
정의하기

**넓은 의미의 전쟁
좁은 의미의 전쟁**

💬 "전쟁이 무엇인가?" 하고 질문을 던지면 사람들은 어떤 답을 할까요? 전쟁이 이해하기 어려운 모호한 개념은 아니지만, 그렇다고 누구나 동의할 정의를 제시하기는 생각보다 쉽지 않습니다. 전쟁은 유형이 다양하고, 막상 전쟁으로 분류하기 쉽지 않은 경우도 많습니다.

예를 들면 전투와 전쟁의 차이 같은 것 말입니다. 전투는 일회적인 싸움이지만, 전쟁은 일정 기간 계속되는 것으로 일단 구별합니다. 하지만

■■■■■ 베르됭 전투 중 참호에서 통신하는 독일군. 베르됭 전투는 제1차 세계대전 중 독일 제국군과 프랑스 제2공화국의 프랑스군 사이에 1916년 2월 21일부터 같은 해 12월까지 벌어짐

그 기간은 정해지지 않았고, 전쟁보다 단일 전투가 더 긴 경우도 없지 않습니다. 1967년 이스라엘과 이집트 간의 전쟁은 6일 만에 끝났지만, 제1차 세계대전 중 가장 격렬하고 긴 전투인 베르됭 전투는 단일 전투로써 무려 303일 동안 계속됐습니다.

그리고 사람마다 견해가 다를 수도 있습니다. 정치인이 생각하는 전쟁과 군인이 생각하는 전쟁, 전문가가 생각하는 전쟁과 보통 사람이 생각하는 전쟁은 다를 것입니다. 학자 사이에서도 전쟁의 정의를 두고 논쟁이 일어납니다. 그렇지만 몇 가지 분명한 조건은 있습니다.

우선 동물 사이의 싸움은 전쟁이라고 하지 않고, 사람 사이의 싸움만을 전쟁이라고 합니다. 그리고 개인의 싸움은 전쟁이라 하지 않고, 조직적인 정치집단의 행위만 전쟁이라고 합니다. 역사상 대부분의 전쟁은 국가라는 집단 단위로 벌어져 왔습니다.

이처럼 전쟁의 주체를 국가로, 전쟁을 정치적 수단의 하나로 규정하는 전쟁의 정의는 19세기 초 독일의 전신 프로이센의 군인이자 전쟁론의 대가 클라우제비츠가 일반화했습니다. 그는 "전쟁은 적에게 우리의 의지를 실행하도록 강요하는 폭력 행위"라고 정의를 내렸습니다. 전쟁이 주로 국가 간의 국제전이므로 국제법의 아버지인 휘호 흐로티위스의 견해도 들어볼 만합니다. 그는 『전쟁과 평화의 법』(1625)에서 전쟁을 "무력을 이용해서 싸우는 상태"라고 아주 간단하게 정의했습니다.

물론 이들의 정의도 역사상 존재했던 모든 전쟁을 설명할 수는 없지만 많은 사람이 받아들입니다. 이런 견해를 바탕으로 현재 폭넓게 받아들여지는 군사학적인 전쟁은 "조직된 정치집단이 그들의 정치적 목적을 다른 집단에 강제하기 위해 사용하는 폭력 행위"로 정의됩니다.

한 걸음 더 들어가 봅시다! 전쟁은 좁은 의미와 넓은 의미가 있습니다. 좁은 의미, 즉 더 엄격한 뜻에서 전쟁이란 주권국가 사이에 벌어지는 무력투쟁 상태를 말합니다. 몇 가지 전제 조건이 있습니다.

먼저 전쟁 주체가 국가라는 점입니다. 특히 근대 이후 전쟁은 국제법적으로 주권을 인정받은 국가를 말합니다. 두 번째는 전쟁의 목적이 있어야 하는데, 이는 국가가 원하는 것을 얻기 위해 무력을 동원한다는 뜻입니다. 당연히 전쟁에 승리해야만 원하는 것을 얻습니다. 세 번째는 전쟁은 무력, 구체적으로 군사력이라는 수단을 씁니다. 엄격한 뜻에서 전쟁으로 간주하려면 조건이 하나 더 있는데, 시작과 끝이 있어야 한다는 점입니다. 즉 선전포고로 시작하고, 항복이나 강화조약처럼 전쟁의 끝이 있어야 합니다. 특히 선전포고 없이 전쟁에 돌입하는 것은 불법이므로 국제법에서 전쟁으로 인정하지 않습니다.

그런데 이러한 엄격한 조건을 모두 만족하는 전쟁보다 그렇지 못한 사례가 실제에는 훨씬 많습니다. 특히 근대국가 이전의 전쟁을 설명하기에는 어려운 조건들입니다. 그래서 전쟁의 정의를 더 폭넓게 내려야 한다고 주장하기도 합니다.

넓은 뜻의 전쟁은 행위 주체를 주권국가에만 한정하지 않고 다른 정치집단도 넣습니다. 가장 좋은 예는 내전입니다. 게릴라전이나, 독립투쟁이나 공산당의 혁명전쟁 등도 포함될 수 있습니다. 또한 전쟁 수단도 더욱 확대해석합니다. 즉 군사력만이 아니라 비군사적인 정치, 경제, 종교, 심리 등도 포함합니다. 예를 들면 무역전쟁이나 종교전쟁 등도 전쟁이라고 간주하는 것입니다. 분야만이 아니라 대상도 달라질 수 있는데, 마약, 범죄, 부패와의 전쟁 등입니다.

전쟁을 폭넓게 정의할 때는 전쟁의 시작과 끝이 분명하게 있어야 한다는 조건 역시 따지지 않습니다. 전쟁은 대부분 정해진 규칙도 없고 여러 가지 변수로 예측 불가한 복잡한 양상을 보입니다. 선전포고도 없이 일본이 미국의 진주만을 기습한 것이나, 북한이 1950년 6월 25일 새벽에 남한을 기습한 것 등도 전쟁입니다. 제2차 세계대전에서 독일이 소련과 비밀리에 맺은 불가침조약을 무시하고 소련을 기습 침공한 것도 마찬가지입니다. 전쟁의 끝이 분명하지 않은 사례도 많습니다. 남과 북은 전쟁이 완전히 끝난 것도 아니고, 그렇다고 서로 전쟁 중인 것도 아닌 휴전 상태로 60년을 훌쩍 넘기고 있습니다.

이제 이 책을 계속 이어가기 위해서 일단 나름대로 정의를 내려야겠습니다. 전쟁은 경쟁 관계에 있는 정치집단 간의 장기적인 무장 충돌입니다. 정치집단 중에서도 주로 폭력을 독점하는 국가가 전쟁의 주체가 되는 예가 가장 많습니다. 하지만 특정 정치집단이 기존 국가에 반대해 전쟁을 일으키는 반란과 한 국가의 권력을 놓고 두 정치집단이 전쟁을 벌이는 내란 역시 전쟁에 포함하는 것이 타당합니다.

그러나 개인의 폭동이나 정치집단의 단순하고 일시적인 폭력 행위는 제외합니다. 최근 들어 실제 폭력을 포함하지 않는 경제나 무역에서 그 치열함을 표현하려고 전쟁이라는 말을 사용하지만, 이 책은 인정하지 않습니다. 전쟁으로 규정할 때는 반드시 정치집단의 목적과 함께 무력 사용이 동반되어야 한다고 봅니다.

전쟁에 대한 찬반론

전쟁을 보는 관점 차이

전쟁이 가져오는 비극이 심대하므로 대부분 사람은 전쟁을 부정적으로 보고 반대합니다. 전쟁을 긍정적으로 봤다가는 평화보다는 폭력을 좋아하는 호전주의자로 낙인 찍힐 것을 알고 있습니다.

그러나 전쟁은 비극이지만 어쩔 수 없는 상황에는 전쟁에 의지해야 한다고 생각하는 사람도 있습니다. 겉으로는 쉽게 말하지 못해도 마음속으로는 그런 생각인 사람이 많을 것입니다. 그들은 역사를 돌아볼 때 전쟁

조지 워싱턴(미국의 초대 대통령,
1732~1799)

레프 톨스토이(제정 러시아의 문인,
1817~1875)

이 없었던 적은 없으며, 국가 사이의 문제 대부분은 전쟁으로 해결되었다고 주장합니다.

미국의 초대대통령 조지 워싱턴은 전쟁의 준비는 평화를 지키는 가장 효과적인 수단 중의 하나라고 말했고, 토머스 홉스는 폭력은 인간 본성의 구체적인 표현이므로 전쟁은 불가피한 것이라고 했습니다.

이와는 반대로 전쟁은 부정적이며, 없어져야 할 대상이라고 보는 관점도 당연히 있습니다.

지금까지 전쟁이 항상 있었다고 해서 앞으로도 전쟁을 인정할 수는 없다고 말합니다. 톨스토이는 전쟁이라는 가장 비천하고 죄 많은 무리가 힘과 명예를 서로 빼앗는 상태라고 했으며, 철학자 임마누엘 칸트는 인간의 본성으로 영원한 평화는 달성될 수 없으나 인류는 최대한 이에 접근해야 한다고 했습니다. 케네디는 인류가 전쟁을 끝내지 않으면, 전쟁이 인류를 끝내버릴 것이라고 열변을 토했습니다.

반드시 그런 것은 아니지만, 전쟁에 대한 서양과 동양의 견해는 대조적입니다. 서양은 전쟁을 역사 발전의 필연적인 과정으로 보는 성향이 매우 강한 데 비해, 동양에서는 부도덕한 행위로 보는 관점이 상대적으로 강합니다.

전쟁을 벌이는 쪽에서는 대부분 정당한 이유가 있다고 주장합니다. 제2차 세계대전은 많게는 약 7천만 명을 죽음으로 이끈 인류 역사상 가장 참혹한 전쟁이었습니다. 하지만 이 전쟁의 피해국 대부분이 침략전쟁으로 보는 것에 반해 패전국인 일본은 아시아 국가를 해방하고, 문명화시킨 전쟁이라고 주장합니다. 최근 반문명적이고 잔인하기 짝이 없는 테러 집단 IS조차 자신들의 행위가 정당하다고 주장합니다.

지금에 와서 히틀러를 암살해서라도 처치했어야 한다고 한목소리를 내지만, 당시 나치 정권은 레지스탕스나 암살

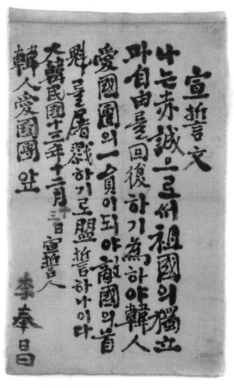

■■■ 이봉창(일제강점기의 독립운동가, 1900~1932) 의사가 일본 국왕을 폭탄으로 암살하려고 한 거사 직전에 맹세한 자필서이다. 두꺼운 천 위에 붓으로 쓴 국한문혼용체 선서문으로 일제강점기 독립운동의 의지와 시대 상황을 극명하게 보여준다. "나는 적성[赤誠; 참된 정성]으로 조국의 독립과 자유를 회복하기 위하야 한인애국단의 일원이 되야 적국의 수괴를 도륙하기로 맹서하나이다. 한국 13년 12월 13일 선서인 이봉창(李奉昌) 한인애국단 앞" 이라고 적혀있다.

음모자들을 두고 테러리스트라고 불렀습니다. 이토 히로부미를 저격한 안중근 의사나 일본 수뇌부에 도시락 폭탄을 던진 윤봉길 의사는 우리나라에는 둘도 없는 민족 영웅이지만, 일본인은 테러리스트라고 부릅니다.

이렇듯이 전쟁을 보는 관점은 누구 편인가에 따라 달라질 수 있습니다. 물론 시간을 두고 전쟁을 더 객관적으로 분석하면 의견이 모이는 경우가 많지만, 시간이 지나도 의견을 합치기 어려운 전쟁도 꽤 있습니다.

예를 들면 미국의 남북전쟁은 노예해방과 관련된 긍정적인 전쟁으로 평가받지만, 공업이 비약적으로 발전한 미국 북부에서 노동력에 대한 필요가 증가하자 값싼 남부 농업 지역의 흑인 노동력을 불러오기 위한 전쟁이라고 보는 사람들도 있습니다.

이라크의 쿠웨이트를 침공과 병합을 반대해 일어난 1991년의 걸프전쟁 역시 긍정적으로 보는 사람들이 있지만, 중동 석유에 대한 서방국가들의 욕심이 원인이라고 보는 사람들도 있습니다.

절대평화론
VS.
정의전쟁론

우리의 선택

전쟁과 평화라고 말하면 아마도 많은 사람이 십중팔구 러시아의 대문호 레프 톨스토이가 쓴 불멸의 고전을 먼저 떠올릴 것입니다. 구글이나 네이버에서 '전쟁과 평화'를 검색하면 대다수가 바로 이 소설 관련 내용입니다. 이 작품은 18세기 유럽을 휩쓴 나폴레옹전쟁의 소용돌이 속에서 역사의 변화와 함께 그 안에서 살아가는 복잡다단한 인간관계를 그려낸 명작입니다. 소설도 소설이지만 어린 시절 극장에서 보았던 오드리 헵

번 주연의 영화가 참 오래 기억에 남습니다. 소설이나 영화에서만이 아니라 전쟁과 평화는 인류 역사 마디마디에서 국가와 국가에 속한 사람들의 운명을 송두리째 바꿉니다.

전쟁과 평화에 대해서는 두 가지 대조적인 견해가 존재합니다. 우선 전쟁은 무조건 나쁘다고 결론 내리는 절대평화론. 평화주의^{Pacifism}이라고도 부르는데 폭력을 거부하고 평화를 위해 모든 노력을 기울인다는 자세입니다. 양심에 따라 모든 형태의 폭력을 거부하며, 더 나아가 자기 국가가 침략을 당하더라도 군사적 수단으로 방어해서는 안 된다는 태도를 보입니다.

절대평화론은 신약성경의 원수를 사랑하라는 기독교적 비폭력 정신에서 출발합니다. 특히 십자가형에 처하면서도 저항하지 않았던 예수와 로마의 박해를 받으면서도 평화적 저항으로 일관했던 고대 기독교인들의 행동원칙입니다.

이후 절대평화론은 중세에 와서 급진적인 개혁파 그리고 근대에는 평화교회나 퀘이커파 등 소수의 개혁적인 교회들이 계승했습니다. 인도에서 영국 제국주의를 상대로 평화적 저항에 앞장섰던 마하트마 간디와 미국에서 평화적 흑인민권운동을 이끌었던 마틴 루터 킹 목사 그리고 수십 년간 남아프리카 공화국의 인종차별에 비폭력 저항을 했던 넬슨 만델라 등이 대표적인 절대평

넬슨 만델라(흑인인권 운동가, 1918~2013)

화론자라고 할 수 있습니다. 그리고 오늘날엔 말일성도나 여호와의 증인 등 아주 일부에서 지키고 있습니다. 사회문제가 되는 군대 징집 거부 또는 총을 들기를 거부하는 것이 여기에서 비롯됩니다.

두 번째 관점은 '정의전쟁론' 또는 '정당한 전쟁론Jus ad Bellum'으로 불리는데 이 역시 기독교원리에서 파생됐습니다. 구약에 나오는 이방 민족에 대한 '거룩한 전쟁'을 근간으로 그리스와 로마의 철학이 더해졌습니다. 키케로, 아우구스티누스, 토마스 아퀴나스가 체계화하고, 대부분 종교개혁자가 계승했습니다. 현재 가톨릭과 개신교 대부분이 수용하는 전쟁관이기도 합니다. 기독교의 큰 역사적 오점 중 하나인 십자군전쟁은 대표적 정의전쟁론에 근거하고 있습니다. 이슬람 역시 정의전쟁론을 표방합니다.

그런데 이는 정의전쟁론의 본래 뜻을 왜곡하는 것입니다. 정의전쟁론은 전쟁을 정당화하기 위함이 아니라, 역설적으로 전쟁을 피하고자 엄격한 조건을 만드는 데 원래 목적이 있었습니다. 즉, 정당한 전쟁이 되려면 7가지 까다로운 조건에 부합되어야 한다는 것인데, 이것이 절대 쉽지가 않습니다.

이 7가지 조건을 갖춘 전쟁은 실제로 극히 드뭅니다. 다시 말해서 정의전쟁론은 전쟁장려론이 아니라 전쟁억제론입니다. 그러나 오늘날 대다수 국가가 자국의 이익을 위해 전쟁을 벌이고도 정당한 전쟁론으로 포장합니다. 제2차 세계대전을 일으킨 히틀러도, 한국전쟁을 일으킨 김일성도 전쟁에 정당한 이유를 갖다 붙였습니다. 사실 역대 어떤 침략자도 전쟁을 미화하지 않은 적이 없습니다.

정의전쟁론과 관련해서 덧붙일 것이 있습니다. 핵무기나 생화학무기

정의전쟁론의 7가지 조건

1) 반드시 선전포고를 해야 한다. (기습공격을 할 수 없다는 뜻임)
2) 외교를 포함해서 모든 수단을 시도한 뒤 전쟁은 최후수단이 되어야 한다.
3) 전쟁을 벌이는 정당한 이유가 있어야 한다.
4) 전쟁에는 올바른 의도가 있어야 한다.
5) 전쟁은 적절한 수단을 써야 한다.
6) 비전투성에 대한 면제를 준수해야 한다. (민간인에 대한 공격금지를 뜻함)
7) 전쟁으로 얻으려 하는 기대나 목표가 정당해야 한다.

등의 대량살상 무기를 사용하는 전쟁은 애초부터 정당한 전쟁이 될 가능성이 전혀 없습니다. 왜냐하면 정의전쟁론의 7가지 조건은 전쟁을 어느 정도 통제하거나 제한해야 가능한데, 대량살상 무기는 통제할 수 없기 때문입니다. 특히 민간인의 희생을 막을 수 없으므로 정의전쟁론은 처음부터 불가능합니다. 독가스나 방사능이 민간인은 피하고 군인만 살상하지 않기 때문입니다.

이 두 가지 주장 중에 우리는 어느 쪽을 선택해야 할까요? 정의전쟁론이 원래의 뜻을 왜곡했고, 또 인간과 국가의 본성과 또 역사적 경험상 전쟁을 미화할 개연성이 높은 만큼 폐기되어야 할까요? 하지만 절대평화론은 반대로 너무 이상적입니다. 절대평화론은 전쟁은 무조건 나쁘므로 군대도 없애고, 무기도 내다 버려 무장을 완전히 해제해야 한다는 것입니다. 극단적인 절대평화론은 전쟁만 벌이지 않는다면, 남의 나라에 속국이 되어 살아도 괜찮다는 결론에 이를 수도 있습니다.

전쟁 자체는 선한 것은 아니지만, 전혀 필요 없다고 할 수 없습니다. 특히 침략을 당했을 때는 전쟁을 불사하고서라도 맞서 싸워 나라를 지켜내야 합니다. 사실 논쟁이라고 하기에 무색하게도 정의전쟁론이 득세해왔습니다. 물론 왜곡된 정의전쟁론 말입니다. 정의전쟁론의 진정한 뜻, 즉 7가지 조건의 회복이 가장 중요한 과제라고 할 수 있습니다.

전쟁을
바라보는
3가지 시선

현실주의
이상주의
구조주의

절대평화론과 정의전쟁론의 논쟁을 조금 확대해봅시다. 국제정치학 분야가 다양한 이슈를 다루지만, 중심에는 전쟁과 평화에 대한 연구가 자리하고 있습니다. 그래서 한국은 물론이고 미국 대학들에서는 '국제정치' 대신에 아예 '전쟁과 평화'라는 과목명을 사용하는 경우가 꽤 있습니다. 국제정치학의 근간이 전쟁과 평화인 이유는 국가 관계에 무역이나 투자, 학문과 문화교류 등 수많은 영역이 존재하지만, 이 모든 것은 국가의 생존이 확보된 뒤에야 가능하다는 가장 기본적인 사실에 근거합니다.

국제정치학에는 대표관점인 현실주의, 자유주의 그리고 구조주의가 있습니다. 이들 세 관점이 국제정치에서 가장 중요한 전쟁과 평화의 문제를 각각 어떤 시선으로 바라볼까요?

먼저 현실주의는 인간의 본성을 이기적으로 보는 데서 출발하는 세계관으로 일단 세상에 대해 비관적입니다. 이기적인 인간으로 구성된 국가도 이기적이고, 이기적인 국가로 구성된 국제정치 역시 이기적이라고 봅니다. 따라서 우리가 사는 세상은 전체의 평화보다 각자의 이익을 위해 투쟁하는 약육강식의 정글이 됩니다. 승자와 패자가 분명하게 나뉘는 세계입니다.

■■■ 세상을 약육강식의 정글로 보는 '현실주의'

현실주의 세계에서 개별 국가는 서로 협력할 대상이라기보다는 언제든지 안보에 위협이 될 수 있는 잠재적인 적국일 뿐입니다. 한 국가의 무력 행사가 다른 국가의 멸망을 불러온 것은 역사적으로도 여러 차례 증명되었습니다. 따라서 "내 행복은 너의 불행이고, 내 불행은 너의 행복"이라는 말처럼 적대적 경쟁 체제의 국제정치에서 국가의 최우선 목표는 모든 수단을 동원해서 살아남는 것입니다. 국가 간 관계에서 가장 중요한 것은 정치와 군사 영역이고 경제나 문화 교류, 특히 민간 차원에서의 교류 등은 부차적인 가치이거나, 정치 또는 군사적인 현상으로 재해석합니다.

국내와 달리 국제정치에는 국가보다 상위인 중앙 권위가 없습니다. 따라서 현실주의는 분쟁 해결 방법이 오직 힘의 논리라고 믿습니다. 여기서 힘의 논리란 군비를 증강하거나 다른 국가와 동맹을 맺어 대항하는 것을 말합니다. 물론 때에 따라 실제 전쟁도 포함합니다.

현실주의가 제시하는 평화 모델은 힘의 균형으로 전쟁에 이르지 않는 것입니다. 즉 전쟁이 나서 승리하기보다는 힘의 균형으로 전쟁을 예방하는 것이 목적입니다. 모든 국가가 군사력을 증강할 때 전쟁에 이르지 않을 유일한 방법은 누구도 먼저 공격을 시도하기 어렵게 만드는 세력 균형입니다.

이같이 현실주의자의 평화관은 매우 수동적입니다. 그들은 영원한 평화를 향한 인류의 진보를 믿지 않습니다. 다시 말해 전쟁과 전쟁 사이의 일시적인 안정이나 평화는 가능하나, 국제정치의 근본적인 무정부성, 즉 적자생존의 정글과 같은 본질은 변하지 않는다고 봅니다. 그들은 협력보다는 갈등, 평화보다는 전쟁이 오히려 정상적인 국가관계라고 생각합니다. 따라서 현실주의 역사관은 전쟁과 안정의 사이클이 반복되는 순환구조입니다. 현실주의자는 전쟁을 생존에 필요한 외교의 연장으로 보기에, 언제든지 전쟁을 정당화할 수 있고, 독재자의 정복전쟁이나 강대국의 무력행사를 안보에 불가피한 조치로 합리화할 위험이 큽니다.

국제정치를 바라보는 두 번째 시각은 자유주의입니다. 자유주의는 현실주의와 거의 모든 면에서 정반대의 견해이므로 전쟁과 평화에 대한 관점도 당연히 상반됩니다. 일단 자유주의는 현실주의와는 달리 국제정치를 무정부 상태로 보지 않습니다. 국제정치에는 도덕, 여론, 법률 그리고 제도가 존재하며 국내보다 강제성은 떨어지지만 대부분 국가가 이를 준수합니다. 따라서 국가 간에는 대립과 분쟁보다는 협상이나 평화가 더 정상적입니다. 물론 가끔 전쟁이 발발하기도 합니다. 그러나 그것은 현실주의가 주장하는 것처럼 인간의 이기적 본성으로 말미암은 숙명이라기보다는 상대국에 대한 무지나 오해에서 비롯되는 예외적인 일탈 행위일 뿐입니다.

국가를 가장 중요시하는 현실주의와 달리 자유주의의 출발점은 개인입니다. 자유롭고 평화로운 개인이 모여 국가를 구성하고 따라서 국가의 성격은 당연히 그 구성원 개개인과 같습니다. 그런 자유주의 관점에서 국내와 국제의 구별은 큰 의미가 없으며, 국제정치가 국내정치보다 특별히 정글처럼 투쟁적일 이유는 없습니다. 백번 양보해서 인류가 현실주의의 주장처럼 토머스 홉스적인 투쟁일변도의 세상에서 출발했더라도, 시간과 경험이 쌓여가면서 모두에게 손해가 되는 전쟁보다는 이익이 되는 협력을 선택한다고 봅니다. 즉 자유주의 역사관은 서로 계약을 맺고 규칙을 준

국제정치를 경작이 가능한 정원으로 보는 '자유주의'

수하는 존 로크적인 세상으로 발전하고 있다는 낙관적 전망을 보입니다.

이런 맥락에서 자유주의는 국제정치를 현실주의처럼 정글이 아니라 경작이 가능한 '정원'으로 봅니다. 전쟁이 전혀 없을 수는 없지만 가꾸려는 노력에 따라 평화는 얼마든지 가능하다는 뜻입니다. 또한 지구촌에서 분쟁이 완전히 사라지지는 않았지만 적어도 평화를 향해 나아가고 있다고 믿습니다. 냉전이 종식되고, 정치적으로는 민주주의가 그리고 경제적으로는 시장제도가 세계를 하나로 묶고 있는 상황에서 어느 한 나라가 고립을 자초하는 전쟁을 일으킬 가능성은 시간이 갈수록 점점 줄어든다는 것입니다. 모두 힘을 모아 적극적으로 노력한다면 영구적인 평화도 가능하다고 믿는 이들은 현실주의자보다 한결 능동적으로 평화를 꿈꿉니다.

자유주의자는 국제정치에서 국가 외에도 국제기구, 비정부기구 같은 다양한 행위자의 역할을 인정하고, 정치나 군사안보 외에도 경제, 사회, 문화 등이 모두 중요하다고 말합니다. 이런 요소가 국가 간의 첨예한 대립 상황을 유연하게 만드는 노릇을 하기 때문입니다. 미·중 간의 핑퐁 외교, 사회주의 국가들의 1988년 서울 올림픽 참여, 남북한 스포츠 교류나 경제협력 같은 예에서 보듯 정치나 군사 문제를 우회해 신뢰를 구축하면 이를 바탕으로 정치적인 협력도 가능해진다는 것입니다.

이런 논리를 현실주의자는 지나친 이상주의라고 비판합니다. 자유주의자는 현실을 제대로 바라보지 못하여 오히려 불행한 결과를 앞당긴다는 것입니다. 국제정치는 본질적으로 무정부 상태의 국가 간 투쟁인데 이를 단순히 무역이나 인적 교류 확대 또는 국제기구 건설 등으로 변화시킬 수 있다고 보는 자체가 순진하기까지 하다고 책잡습니다.

국제정치는 국내보다 상대적으로 안보 위협이 많고 국가 간의 갈등이 늘 반복되며 쉽게 해결되지도 않습니다. 현재 닥친 상황보다 당위적이고 이상적인 미래의 가치를 강조하는 자유주의는 현실감각이 떨어져 보이는 것이 사실입니다.

하지만 평화에 대한 희망을 버리지 않는다는 점에서 가치가 큽니다. 자유주의는 충돌이나 전쟁 같은 강경함이 앞서는 현실주의를 보완하면서 협상, 군축, 평화 같은 온건함을 강조하는 대안이론입니다.

마지막으로 구조주의는 전쟁과 평화의 문제를 어떻게 보고 있을까요? 앞의 두 관점과 가장 구별되는 구조주의의 특징은 국가 간의 경제적 불평등에 초점을 맞춘다는 점입니다. 구조주의자는 전쟁의 필연성을 강조하는 현실주의자나 평화 달성에 집중하는 자유주의자와 달리 먹고사는

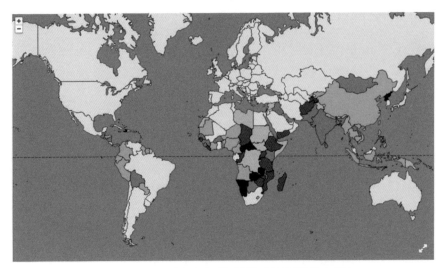

문제를 가장 중요하게 생각합니다. 특히 이 문제가 정의롭지 못해 전쟁을 포함한 인류의 모든 불행이 출발한다고 생각합니다.

구조주의가 던지는 핵심질문은 아시아와 아프리카 그리고 남미 등에 있는 제3세계 국가가 왜 가난에서 벗어나지 못하는 것인가에 있습니다.

구조주의자의 결론은 이들 국가 내부의 탓이 아니라 세계자본주의 자체가 불평등하고, 이는 과거 제국주의 시절부터 미국과 유럽의 선진국이 만들어놓은 덫이라고 주장합니다. 이들 열강이 특히 아시아, 아프리카, 남미의 국가들을 침략해서 정치·경제적인 속국으로 삼은 식민지전쟁이 전쟁의 가장 원초적인 형태라고 보았습니다.

이들 구조주의자는 마르크스와 레닌에게 많은 영향을 받았습니다. 자본가가 노동자를 착취하는 불평등한 관계처럼 선진국과 후진국 간에도 불평등한 관계가 만들어졌다는 것입니다. 마르크스의 사상을 최초로 국제화한 사람은 러시아 혁명가 레닌입니다. 레닌은 『제국주의론』이라는 책에서 서구사회의 자국 내 자본주의 체제의 모순이 한계에 다다르면 이를 극복할 방편으로 후진국을 착취하고자 식민지 획득에 나서게 된다고 주장했습니다. 이 때문에 국내 자본가와 노동자계급의 불평등 구조가 그대로 국제사회에도 재현된다는 것입니다.

이러한 마르크스와 레닌의 분석 틀은 1960년대 이후 신식민주의 이론으로 계승되면서 본격적인 국제정치 관점으로 자리매김했습니다. 즉 외관상 제2차 세계대전 이후 식민지시대가 끝났지만, 구조주의자는 다만 형태가 바뀌었을 뿐이라고 봅니다. 즉 신식민주의 이론은 세계가 '중심부 국가'와 '주변부 국가'로 나뉘는데, 이 둘은 불가분의 관계가 있다는 것입니다.

중심부의 제1세계가 잘사는 것은 주변부인 제3세계의 희생 때문이고, 주변부가 못사는 것은 중심부 국가들의 착취 때문이라고 봅니다. 과거에는 영토 정복으로 직접 착취했다면, 현재는 시장이라는 고도로 발달한 세계자본주의 체제를 통해 간접 착취합니다. 다시 말해 주로 천연자원과 1차산업 그리고 값싼 노동력을 공급하는 주변부와, 이를 헐값에 사들여 비싼 부가가치를 매긴 완제품으로 되팔아 막대한 이윤을 챙기는 중심부 사이에는 구조적인 불평등이 존재할 수밖에 없다는 것입니다.

구조주의자는 전쟁이나 평화는 밖으로 나타나는 현상일 뿐, 이를 결정하고 움직이는 것은 결국 경제문제라고 주장합니다. 따라서 현실주의가 가장 관심을 기울이는 안보위협은 자본주의가 필연적으로 초래하는 불평

등 때문이고, 자유주의가 추구하는 국제 협력이나 평화도 결국에는 강대국이나 소수의 자본가 또는 다국적 기업의 배를 불리는 일이 된다는 것입니다. 그리고 구조주의자는 오늘날 자본주의의 가장 큰 특징은 개별 국가 차원에서 따로 작동하는 것이 아니라 전 세계가 한 덩어리로 움직이는 것이라고 주장합니다. 구조주의자란 명칭이 바로 여기에서 나왔습니다.

■■■■■ 카를 하인리히 마르크스(독일 출신의 철학자·경제학자·사상가, 1818~1883)

한편 마르크스가 한 국가 안에서의 자본주의 모순에 대한 해결로 혁명의 대안을 제시했듯 구조주의자는 국제정치에서도 국가 간의 불평등이 지속될 때 언젠가는 자본주의의 모순이 폭발하는 시점이 오고, 혁명 또는 혁명전쟁을 통해 자본주의 체제가 필연적으로 붕괴한다고 예측합니다. 이처럼 구조주의자는 기존의 불평등한 구조에서 점진적인 개선으로 문제를 해결하기란 불가능하다고 보며, 자본주의를 일거에 타파하는 혁명만이 해답이라고 믿습니다. 이를 역사관으로 표현하면 현실에 대해서는 비관적이지만 혁명을 통한 진보를 꿈꾼다는 면에서 궁극적으로는 낙관적입니다.

구조주의는 국제정치의 주류는 못 되지만 현실주의와 자유주의가 보지 못하는 사각지대를 비춘다는 점에서 긍정적인 역할을 해왔습니다. 구조주의의 가장 큰 공헌은 시간이 갈수록 커지기만 하는 국가 간의 불평

등 문제에 대한 통찰력에 있을 것입니다. 특히 미국과 유럽의 선진국 중심의 맹목적인 세계화에 반대하는 강력한 논리적 기반을 제공해준다는 데 뜻이 깊습니다.

 자신의 논리 쌓기

1. 절대평화론과 정의전쟁론을 설명하세요.

2. 현실주의, 이상주의, 구조주의의 특징은 무엇인가요?

3. 전쟁이란 무엇인지 스스로 정의를 내려보고, 그 이유를 설명해봅시다.

제 2 장

전쟁은 왜 일어나는가?

전쟁은 과연 인간의 본능이며 숙명일까?

이 장에서는 최초의 전쟁 기록과 함께 다양한 관점에서 전쟁은 왜 일어나는지 살펴봅니다. 표면적인 이유와 본질이 다른 전쟁에 대해서도 다룹니다.

전쟁의
원인

전쟁은
숙명일까?

 개구리가 들판에 놓인 돌에 한가로이 앉아있다.

그런데 우산을 든 쥐가 나타난다.

쥐는 개구리를 공격하고 돌에서 몰아낸다.

돌을 차지한 쥐는 꽃 한 송이 꺾어 들고 만족한다.

하지만 자기 자리를 빼앗긴 개구리도 그냥 있지 않았다.

자기 동족을 불러와 쥐를 몰아내고 자리를 강제로 되찾는다.

그러자 쫓겨난 쥐는 다시 다른 쥐들을 불러 모아 싸운다.

온갖 수단과 더 강력한 무기들을 동원하면서

맹목적인 싸움을 벌인다.

그런데 망가지는 것은 개구리와 쥐만이 아니다.

푸르고 꽃이 만발했던 아름다운 들판은 모두 파괴되어버렸다.

죽음의 잿빛과 함께 쥐와 개구리에게는 시든 꽃과

부서진 우산만 남았다.

전쟁은 평화의 들판에 있던 모든 것을 앗아가 버렸다.

니콜라이 포포프의 『왜?』라는 그림책 내용입니다. 물론 그림책이니 설명은 없지만 글로 옮겨봤습니다. 개구리와 쥐가 꽃 한 송이를 놓고 우연히 벌인 작은 다툼이 걷잡을 수 없이 커져 서로 간의 전면전이 되고, 결국 전쟁 때문에 그들은 물론이고 온 들판이 폐허가 됩니다.

이 책은 작가가 실제 전쟁을 겪었던 경험을 살려 전쟁의 무모함과 부질없음을 보여줍니다. 생각거리도 많고, 어린이와 나눌 이야깃거리도 많아 오래도록 사랑받는 그림책입니다. 하지만 모든 전쟁의 원인이 이렇게 단순하거나 맹목적이지는 않습니다.

인류의 역사는 곧 전쟁의 역사라고 말합니다. 전쟁은 인류 역사의 가장 오래되고 반복되는 현상 중 하나입니다. 아인슈타인은 "인간이 존재하는 한 전쟁은 사라지지 않는다."고 말했습니다. EBS 지식채널e에서 방송했던 다큐멘터리 「크리스마스 휴전」은 서기전 3000년부터 서기 1950년까지 약 5,000년 동안 약 1만 4,500건의 전쟁이 일어났다고 합니다. 희생된 사람의 숫자는 무려 35억 명에 이릅니다. 그 5,000년 동안 약 92%는 전쟁 중이었고 단 8%만 평화 기간이었습니다.

그렇다면 최초의 전쟁은 언제일까요? 유물에 남겨진 근거에 따르면 기원전 7000년까지 거슬러 올라갑니다. 당시 예리코^{Jericho}는 1만 평 (33,057m²)의 넓은 지역이 높이 6m가 넘는 성벽으로 둘러싸인 요새였습니다. 고고학적 추정에 따르면 주민 약 2,500명 가운데 500~600명은 전사였다고 합니다. 이들은 요새나 성벽 건축에 능하고 경험이 많았고, 돌로 만든 화살촉 유물로 보아 무기 생산에도 능했으리라 추정됩니다. 유물로 근거를 밝힌 것이 이 정도이니, 실제 전쟁의 기술과 경험은 더 오래전부터 있었을 것입니다.

그렇다면 그렇게 오래되고, 또 많이 일어난 전쟁의 원인은 과연 무엇일까요? 전쟁의 숫자만큼이나 원인도 전부 다를까요? 아니면 앞에 그림동화가 말하듯이 하나일까요? 전쟁의 표면적인 원인은 일단 다양합니다.

가장 흔한 경우가 어떤 국가가 영향력을 더 많이 발휘하기 위해 벌이는 정복전쟁입니다. 과거 페르시아나 로마제국 그리고 나폴레옹, 히틀러 등은 정복전쟁을 통해 패권을 차지하고 또 키웠습니다. 로마제국은 수많은 원정을 통해 2세기 무렵에는 유럽과 북아프리카 그리고 소아시아까지 3대륙에 걸친 광대한 영토를 가졌습니다.

다음으로 지역에서의 주도권을 차지하려고 싸우는 전쟁입니다. 아시아도 그랬지만 유럽의 역사는 바로 이런 지역 패권전쟁이 특히 잦았습니다. 프랑스와 독일 그리고 영국은 서로 패권을 잡기 위해 때로는 단독으로, 또는 동맹을 맺어 전쟁을 치러왔습니다. 1337년부터 1453년까지 실

페이스트리 전쟁을 배경으로 오라스 베르네가 그린 <1838년 멕시코 원정의 일화>

제로는 116년간 벌어진 영국과 프랑스의 백년전쟁이나 17세기 독일을 중심으로 일어난 삼십년전쟁이 대표적입니다. 제1차 세계대전은 한편으로는 정복전쟁이라고 볼 수도 있고, 다른 한편에서는 유럽의 패권을 차지하기 위한 독일과 프랑스 그리고 독일과 영국의 싸움이라고 볼 수도 있습니다.

세 번째로 제시되는 원인은 경제적 원인 또는 필요한 자원을 차지하기 위한 전쟁입니다. 소유한 땅이나 자원을 지키려는 전쟁도 있고, 더 많은 것을 가지려고 일으키는 전쟁도 있습니다. 고대국가의 약탈전쟁부터 현대의 석유를 놓고 벌이는 전쟁까지 공통적인 원인이었습니다. 가장 대표적인 자원획득을 위한 전쟁은 제국주의 전쟁으로 유럽 국가들이 아프리카와 아시아, 라틴아메리카의 자원을 차지하기 위해 전쟁을 벌였습니다.

네 번째는 세계관, 이념 그리고 종교 등 생각의 차이에 따른 전쟁입니다. 생각의 종류만큼이나 다양한 이유가 있습니다. 공산주의를 전파하려는 전쟁, 히틀러의 파시즘 확장을 위한 전쟁 등이 여기에 속합니다. 북한이 늘 주장해온 '남조선의 적화'도 마찬가지입니다. 생각의 차이 중에 가장 중요한 전쟁의 원인은 종교입니다. 자기들이 믿는 종교가 유일하게 옳다고 생각하고, 이교도를 굴복시키고 종교를 전파하려는 목적으로 전쟁을 일으키는 것입니다.

역사적으로 가장 대표적인 종교전쟁은 십자군전쟁입니다. 오늘날까지도 십자군전쟁은 이슬람 세계와 미국과 유럽의 기독교 세계의 갈등의 뿌리로 작동합니다. 이슬람 국가들은 1095년에 시작된 기독교의 침략전쟁만을 가리키지 않습니다. 1991년 걸프전이나 2003년 이라크전쟁 역시 십자군전쟁으로 간주합니다. 오늘날 근본주의 이슬람 국가들이나 테러단체들도 종교를 전쟁의 정당한 이유로 믿고 있습니다.

전쟁의 또 다른 이유로는 집단에 속하고 싶은 인간의 본능과 관련이 있습니다. 한 공동체에 대한 충성심은 곧 공동체 밖의 세계에 대한 배타성과 적개심을 품게 하고 이 때문에 전쟁을 일으키는 예도 많습니다. 라틴어 호스티스Hostis가 이방인과 적이라는 뜻을 동시에 가진다는 점이 이를 잘 나타내줍니다.

즉, 외국과 외국인에 대한 배타성이 적대감을 느끼게 한다는 것입니다. 또한 공동의 적이 있으면 쉽게 친구가 되므로, 전쟁은 내부를 단결시킵니다. 그래서 내부의 위기가 있을 때 전쟁을 일으키는 사례가 역사적으로도 자주 있었습니다.

전쟁은 침략국가에만 해당하지 않습니다. 침략을 받아 자국을 지키려고 전쟁을 하는 경우도 전쟁의 중요한 원인 중 하나입니다. 혼자 침략에 대응하기도 하지만, 1950년 북한이 남침했을 때 유엔의 이름으로 열여섯 나라가 파병하여 싸운 예도 있고, 1990년 이라크가 쿠웨이트를 침공했던 걸프전쟁 때도 미국의 주도로 34개국이 참가한 다국적 군대가 이라크와 싸웠습니다.

지금까지 제시했던 원인을 있는 그대로, 또는 주장하는 대로 받아들일 수 없는 경우도 많습니다. 왜냐하면 주장하는 바와 숨겨진 의도가 다를 때가 많기 때문입니다. 겉으로는 이념을 위한 전쟁이라고는 하지만, 실제로는 경제적 이득이나 세력 확장을 위할 때도 있습니다. 심지어 방어 전쟁이라고 말하지만, 실상은 먼저 침략한 사례도 많습니다.

또한 전쟁은 한 가지 이유만으로 발생할 때도 있지만, 대부분 여러 원인이 복합적으로 작동합니다. 그러다 보니 전쟁의 정확한 원인을 알 수 없게 되거나, 전쟁이 끝나고 난 뒤에도 계속 논쟁거리로 남는 예도 허다합니다.

앞에서 소개한 그림책 『왜』는 전쟁발발의 어이없는 원인과 무모함에 대한 것이라면, 데이비드 매키의 그림책 『여섯 사람』은 공포심에서 전쟁이 일어나지만 경제적 이유, 오해, 방어 등 여러 가지 원인이 더해진다는 주장이 담겨있습니다. 요약하면 다음과 같습니다.

평화롭게 일하며 살 수 있는 땅을 찾아 나선 여섯 사람은 비옥한 땅을 찾아 터전을 마련했다. 열심히 일한 끝에 풍족하고 평화롭게 살았지만, 누가 쳐들어와서 땅과 재산을 빼앗을까 봐 군대를 만든다. 하지만 전쟁은 일어나지 않았고, 군인은 놀고먹었다.

여섯 사람은 군인에게 주는 돈이 아깝기도 하고, 싸우는 법을 잊어버릴까 봐 일부러 전쟁을 일으킨다. 군인을 시켜서 다른 사람들의 농장을 빼앗아 많은 땅을 차지하게 되자 더 큰 군대가 필요했다. 그 군대를 계속 유지하기 위해 또 다른 땅과 사람들을 공격해서 강제로 빼앗았다. 여섯 사람의 부가 커지면 커질수록 그들의 군대 역시 똑같이 커져야 했다. 그런데 전쟁을 피해 강 건너로 도망간 사람들도 더는 당하지 않으려고 군대를 만들고 전쟁을 준비한다.

이렇게 서로 대치하던 두 집단은 결국 큰 전쟁을 벌였으며, 그 결과 살아남은 사람은 각각 여섯 사람뿐이었다. 여섯 사람은 평화로이 일하면서 살 수 있는 땅을 찾아 각자 다시 길을 떠난다.

전쟁은
인간의
본성인가?

화해와 협력의 본성,
세비야 선언문

먼저 전쟁의 원인을 인간의 본성에서 찾는 견해는 철학자나 심리학자가 주로 주장합니다. 인간 본성에 내재한 폭력성이 전쟁을 일으킨다는 주장입니다. 중국의 철학자 순자의 성악설性惡說도 그렇지만 서양의 인식에서 더 강력하게 나타납니다. 이는 그리스 철학과 기독교적 전통에서 공통으로 발견됩니다. 근대사회에 와서는 토머스 홉스가 인간의 본성에 따라 약육강식이 판치는 "만인에 대한 만인의 전쟁 상태"를 인간 공동체의 가장 기본적인 본질로 이해했습니다. 또한 심리학 쪽에서도 프로이트를 비롯한 많은 심리학자가 인간의 본능적 공격성을 강조해왔습니다.

이런 철학자나 심리학자 들의 주장은 전쟁을 정당화하는 강경한 보수주의자에게 큰 영향을 끼쳤고, 지금까지 이어지고 있습니다. 인간은 욕심 또는 욕망의 동물이고, 그 내재한 폭력성이 발현될 때도 잦습니다. 더욱이 제한된 자원이라는 환경 속에서 이 욕심은 평화롭고 질서 있게 채워지기 어렵습니다. 욕심이 경쟁을 넘어 투쟁 그리고 전쟁으로 발전합니다. 사람들이 종종 하는 "사는 것이 곧 전쟁"이라는 말을 가만히 따져보면 인류학적인 측면에서도 그리 과장된 말이 아닐 수도 있습니다. 인간의 생존을 위해 전쟁을 벌일 수밖에 없었다는 점에서 전쟁이 인간의 속성이자, 곧 세상의 속성이라는 것은 분명해 보입니다. 인류가 전쟁을 막으려고 끊임없이 노력해왔음에도 항상 존재해왔으며, 현재도 세계 곳곳에서 수시로 전쟁이 발생한다는 것은 곧 인간과 전쟁은 불가분의 관계라는 결론에 이를 수 있습니다.

하지만 어쩔 수 없는 상황이나 강요된 상황이 아니어도 전쟁이 무조건 일어났다고 단정할 수는 없습니다. 인간이 쌓아온 문명을 보면 파괴적 전쟁만을 일삼아온 것은 아닙니다. 인간에게는 화해와 협력의 본성도 있습니다. 인간은 각종 제도와 법, 조약 등을 통해 갈등을 제어하는 장치를 마련해 전쟁을 피하려 했습니다. 개인은 물론이고, 집단이나 국가도 모두 무조건 전쟁을 일으키지는 않았습니다.

전쟁의 동기는 다양하며 전쟁을 일으키는 주체와 폭력성의 정도도 다릅니다. 어떤 국가는 포로를 죽이지만, 다른 국가는 너그럽게 대우합니다. 일반적으로 독재국가는 민주국가보다 호전적이라고 합니다. 독일의 철학자 임마누엘 칸트도 그렇게 주장했고, 영국의 탐험가이자 인류학자였던 리처드 버턴 경은 아프리카의 부족들을 조사한 이후 한 사람이 절대 권력을 지닌 부족이 훨씬 더 호전적이라는 결론을 내렸습니다.

인간의 공격적 본성이 전쟁의 원인임을 증명하기 위해 심리학적 실험이 동원되기도 합니다. 이 중 제인 구달의 '침팬지 실험'은 유명합니다. 1975년 탄자니아 국립공원에서 극도로 공격적이고 호전적인 침팬지 집단을 관찰한 결과 침팬지 사이에서 '동족살해'의 사례가 처음 관찰된 것입니다. 유인원과 인간의 DNA가 98.5%까지 일치한다는 사실과 함께 인간의 유전자 속에 폭력과 전쟁의 속성이 내재하고 있다고 주장했습니다.

직접 사람을 실험대상으로 삼은 경우도 있습니다. 스탠리 밀그램의 '복종에 관한 실험'과, 필립 짐바르도의 '스탠퍼드대학 모의감옥 실험'이 대표적입니다. 먼저 밀그램의 실험은 상부의 명령에 따라 전기고문을 하는 실험이었습니다. 물론 실제 전기고문은 아니었지만, 몰래카메라처럼 참가자들은 이 사실을 몰랐습니다. 참가자는 전기충격의자에 앉은 사람이 단어를 맞추지 못할 때마다 스위치를 점점 올리도록 지시받았습니다. 밀그램은 실험 전에 설문 조사를 했는데, 92%가 어떤 상황에도 자기는 남에게 폭력적인 행위를 하지 않을 것이라고 했지만, 실험 결과는 충격적일 정도로 달랐습니다. 실험 대상자 중에 단 한 명도 300V(볼트) 이하에서는 멈추지 않았습니다. 사전에 지시한 대로 학생 역할을 맡은 사람들이 300V 부근에서 비명도 지르고, 벽을 발로 차면서 절규도 했지만, 실험참가자들은 약간 망설이는 듯했으나 끝까지 지시사항을 수행했습니다.

짐바르도의 '스탠퍼드대학 모의감옥 실험'도 인간의 폭력적 본성에 대한 실험입니다. 1971년 스탠퍼드대학의 교수인 짐바르도는 2주간 일정으로 대학생 20명에게 교도관과 죄수라는 가상의 역할을 주고 변화를 관찰하는 실험을 수행했습니다. 유대인 학살에서 무엇이 인간에게 그런 악한 행동에 동참하게 했는가 하는 의문을 품고 시작한 실험이었습니다. 실험은 그러나 원래 계획했던 2주를 채우지 못하고, 6일 만에 중단됐습니다. 이유는 상황이 예상과는 달리 걷잡을 수 없이 폭력적으로 흘러갔기 때문입니다.

이 실험이 특히 충격적이었던 것은 교도관의 역할을 맡은 학생들이 어떤 행동지침을 받은 적이 없었으며, 심지어 사전에 수감자에게 가혹 행위를 하지 못하도록 주의를 받았다는 점입니다. 그러나 실험에 들어간 지 하루 만에 수감자들의 반항과 난동이 일어나자, 이들은 마치 훈련받은 진짜 전문가처럼 효과적으로 일사불란하게 진압해갔습니다. 진압 방법 중에는 놀랍게도 히틀러의 병사가 했던 비슷한 고문 방법도 동원되었다고 합니다. 인간이 상황과 시스템의 영향력 앞에 얼마나 무기력한지 극단적으로 보여주었다고 할 수 있습니다.

인간의 본능적 폭력성을 말해주는 이런 실험결과에도 여전히 논쟁이 계속되고 있습니다. 설사 인간의 DNA 속에 일정 부분 공격성과 호전성이 잠재되었더라도 우리 인간에겐 이성이 있고, 이 이성이 폭력성을 통제할 수 있다고 믿는 것입니다. 본능적 폭력성이 있다고 하더라도 거부할 수 있는 인간의 양심과 의지도 작동하며, 그것이 인간다운 것이라고 주장합니다. 인류의 역사는 전쟁의 파괴적인 역사이기도 하지만, 동시에 평화와 협력을 통한 건설의 역사이기도 하기 때문입니다. 국제적으로 공인된 유네스코가 주관한 학술회의에서 전쟁의 생물학적인 결정론에 대해서 반대하는 '세비야 선언문'을 채택했습니다. 몇 가지 핵심적인 내용은 다음과 같습니다.

우리가 동물로부터 전쟁을 일으키는 경향을 물려받았다는 말은 과학적으로 옳지 않다. 전쟁이나 여타 폭력적인 행위가 우리 인간의 본성에 내재한다는 것은 과학적으로 옳지 않다. 전쟁이 인간의 머릿속에서 시작되듯이 평화도 우리의 머릿속에서 시작된다. 전쟁을 일으키는 능력이 있으면 평화를 이룰 수도 있다. 그 책임은 우리 각자에게 달려있다.

_세비야 선언문 중

살기 위한 투쟁

거대국가의 탄생

💬 인간은 만물의 영장이며 지배자라지만 사실 홀로 있을 때는 육체적으로 매우 약한 존재입니다. 험한 산속이나 사막, 또는 섬 같은 데서 고립되어 다른 사람의 도움을 받지 못하면 죽을 수도 있습니다. 너무 추워도 죽고, 너무 더워도 죽을 만큼 육체적으로 약합니다. 인간이 집단생활을 한 이유가 바로 여기에 있습니다. 인간이 사회를 이룸으로써 강해지고, 또한 인간답게 살 수 있기에 그리스 철학자 아리스토텔레스는 "인간

은 정치적 동물"이라고 말했던 것입니다. 그런데 모여 살면서 강해졌지만, 문제가 다 해결된 것은 아닙니다. 여전히 외부의 위협이 도사리고 있었습니다.

우리는 먼 옛날 사람은 아주 평화롭고 한가하게 살았을 거라고 착각합니다. 맑은 공기, 깨끗한 물 그리고 산과 들에 꽃이 만발하고 동물들은 한가로이 풀을 뜯는 풍경을 쉽게 떠올립니다. 동물과 사람 그리고 자연이 모두 평화롭게 사는 것이 진짜 모습일까요? 반대는 아닐까요? 허기를 달래기 위해 목숨 걸고 짐승을 잡아야 하고, 먹잇감을 놓고 짐승과 사람 그리고 사람과 사람 사이에 끝도 없는 싸움을 하는 모습. 그리고 잡은 뒤에도 사냥한 것을 다른 인간이나 조직에 빼앗기지 않으려 싸우는 세계의 모습이 오히려 진짜 모습이었을 것입니다. 청동기시대와 철기시대는 물론

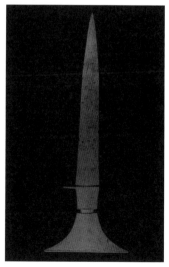

▬▬▬ 왼쪽_좀돌날몸돌. 구석기시대. 작은 돌날을 만들고 남은 몸돌. 천연 유리인 흑요석은 타격으로 날카로운 날을 얻을 수 있었음 오른쪽_간돌칼. 길이 66.7cm. 돌칼은 우리나라 청동기시대를 대표하는 간석기

이고, 더 거슬러 올라가 석기시대의 유물에서조차 많은 무기가 발견됩니다. 그것은 인간의 삶 자체가 곧 살아남기 위한 전쟁이었다는 것을 말해줍니다. 옛사람들은 살아남기 위해 온몸에 무기를 칭칭 감다시피 했습니다. 인간이 모여 산 가장 큰 이유는 죽음의 공포에서 벗어나서 안전한 삶을 살고 싶어 하는 욕구 그리고 먹고살기 위해 자원을 많이 가지려는 욕심 때문이었습니다.

전쟁은 국가와 분리해서 생각할 수 없습니다. 처음에는 대가족이나 같은 성씨인 씨족에서 시작했지만 공동체가 커질수록 더 강해진다는 것을 알게 된 인간은 여러 씨족을 합쳐서 부족을 만들고, 또 부족은 더 큰 국가를 이루어갔습니다.

일단은 믿을 수 있는 친족끼리 살았는데, 시간이 지날수록 결정적인 약점이 있음을 깨닫게 됩니다. 씨족사회는 자손을 낳고 키우는 방법 외에는 공동체를 키울 수가 없어서 더 크고 강한 국가를 만드는 데 드는 시간이 너무 오래 걸렸습니다. 씨족사회의 약점을 극복하고 더 몸집을 키우기 위해 씨족끼리 서로 합쳐서 부족을 형성했습니다.

처음에는 각 씨족의 권리를 건드리지 않고 인정해주는 매우 느슨한 부족사회로, 부족의 중요한 사안은 각 씨족대표가 모여서 함께 결정했습니다. 이것은 평화로운 시기에는 아무런 문제가 없었지만, 침략을 방어하거나 전쟁을 벌일 때는 불편했습니다.

결국 느슨한 부족공동체는 강력한 지도자를 중심으로 더 크고 강력한 국가를 세웠습니다. 부족끼리 합치거나, 또는 정복전쟁을 통해 덩치를 늘려갔습니다. 특히 이즈음에 철기 문화가 등장하면서 더욱 강력한 무기가 생산된 것도 국가의 탄생에 큰 역할을 했습니다. 전쟁이 강력한 국왕과 거대한 국가를 탄생시킨 것입니다.

그런데 이것이 끝이 아니었습니다. 큰 부족이나 국가가 형성되었어도 문제는 그대로였습니다. 다른 국가들의 침략은 여전했으며, 내부에서 경제적인 문제는 다시 불거졌습니다. 즉 공동체의 덩치가 커지면서 인구가 급속도로 증가해 모두를 먹일 양식과 물이 부족해졌습니다. 결국 더 좋고 비옥한 삶의 터전을 차지하기 위해 전쟁을 벌였던 것입니다. 전쟁의 승리로 더 좋은 조건의 터전을 차지함으로써 해결하기도 했지만, 빈번한 전쟁의 또 다른 결과는 인구 감소를 가져와 자원 부족이 해결되기도 했습니다.

 자신의 논리 쌓기

1. 전쟁의 생물학적 결정론을 제인 구달의 '침팬지 실험', 스탠리 밀그램의 '복종에 관한 실험', 필립 짐바르도의 '스탠퍼드대학 모의감옥 실험'으로 설명하세요.

2. 1989년 제25차 유네스코 총회에서 인류학자들이 채택한 '세비야 선언문'은 어떤 내용인가요?

3. 느슨한 부족공동체가 강력한 지도자를 중심으로 더 크고 강력한 국가를 세운 이유는 무엇인가요?

제 3 장

역사의 전쟁

역사 속의 전쟁,
전쟁의 역사

이탈리아의 철학자 베네토 크로체는 "모든 역사는 곧 현대사"라고 말했습니다. 현재는 항상 역사의 끝자락이므로, 전쟁의 역사를 살피지 않고서는 평화로운 미래를 설계할 수 없다는 뜻도 될 것입니다.

고대국가의
전쟁

모든 역사는
곧 현대사

앞에서도 말했지만 역사의 시작은 곧 전쟁의 시작이었습니다. 찰스 틸리라는 학자는 국가는 전쟁으로 세워지고, 세워진 국가는 전쟁을 일으킨다는 말을 했습니다. 그는 유럽 국가들의 탄생을 연구한 뒤 국가의 탄생과 전쟁은 떼려야 뗄 수 없는 깊은 관계가 있다고 결론 내렸습니다. 그는 주로 유럽의 중세와 근대국가의 탄생을 연구했지만, 사실 그의 이론은 고대국가의 탄생에도 얼마든지 적용할 수 있습니다.

고대의 전쟁은 살아남기 위한 전쟁이었습니다. 고대에는 큰 강을 끼고 기름진 땅에 농사를 짓고 가축을 키우면서 함께 살았습니다. 저수지를 파 가뭄에 대비하고, 홍수도 막았습니다. 농작물을 생산하면 그것을 창고에 넣고 보관했습니다. 먼저 말한 것처럼 이것을 빼앗기지 않으려고 큰 국가를 세워 왕과 지도자가 다스렸습니다.

돌아다니면서 사냥하거나 열매를 따 먹을 때는 보관이 필요 없었지만, 농사나 목축은 식량을 오래 보관해 나눠 먹어야 했습니다. 그래서 지켜야 할 필요가 더욱 커졌던 것입니다. 군대가 필요했고, 적의 침입을 막으려 큰 성벽을 쌓았습니다. 고대국가 대부분이 튼튼한 성벽에 둘러싸인 도시에서 살았던 이유가 바로 여기에 있었습니다. 이는 다시 말해서 튼튼한 성벽과 강한 군대가 없고, 지도자가 잘 경영하지 못한 국가는 살아남을 수 없음을 뜻합니다. 역사상 가장 길고 강한 중국의 만리장성이 서기 전부터 세워진 것도 같은 이유입니다. 부를 쌓고 그것을 성벽으로 둘러싼 것은 서양이나 동양이나 마찬가지였습니다.

그리스 도시국가는 농경으로 먹을거리를 해결하고, 철학자를 통해 정치와 문화를 발전해 나갔지만 결국 도시국가끼리의 전쟁은 피

만리장성

할 수 없었습니다. 아테네와 스파르타의 펠로폰네소스 전쟁이 무려 28년

간 계속되면서 정치도 농업도 황폐해져 버렸습니다.

이때 등장한 것이 그리스 북쪽의 마케도니아입니다. 마케도니아는 그리스와의 전쟁에서 이겼는데, 승리의 결정적인 이유가 바로 기병대의 출현입니다. 성벽으로 농업경제를 지키는 전쟁에서 기병대로 싸워서 빼앗는 전쟁으로 바뀐 것입니다. 그리스 도시국가들의 변두리에 있던 마케도니아는 말을 타는 기병대 덕분에 막강한 세력으로 성장했습니다. 그리스에 승리 이후 마케도니아의 알렉산더대왕은 페르시아를 정복하고 끊임없이 정복전쟁을 했습니다. 그의 승승장구로 농업과 이를 지키는 그리스 방식은 무너져갔습니다.

알렉산더대왕은 그러나 오래가지 못했습니다. 자신도 32세의 젊은 나이로 죽었을 뿐 아니라, 너무 정복전쟁에만 모든 힘을 쏟았기에 금방 어려움을 겪었습니다.

이어 나타난 것이 로마제국인데, 그들은 그리스와 마케도니아의 방법을 합쳤습니다. 즉 공격과 방어를 동시에 선택한 것입니다. 그리스와 같이 성벽을 지키는 군인을 중심으로 하되, 양 측면에는 기병대를 두었습니다. 또한 정복전쟁을 벌여 국가를 확장했지만, 알렉산더대왕처럼 무조건 정복만 한 것이 아니라 정복지의 노예들을 모집해 국가의 모습을 제대로 갖추면서 싸웠습니다. 생산은 노예에게 맡기고 시민을 병사로 삼아서 강력한 군대를 만들어 다음 전쟁을 치른 것입니다. 많을 때는 로마 시민의 30%가 군인이었다고 합니다.

로마의 전쟁 방식에는 또 다른 중요한 특징이 있었습니다. 그것은 로마 시민의 권리가 군인으로 전쟁에 참여하는 의무와 함께 주어진 점입니다.

시민은 자기 돈을 들여서라도 군복과 무기를 사야 했습니다. 그런데 이런 비용이 너무 들어 빚을 지고 빈민이 되어 시민의 권리를 잃어버리는 일이 생겨났습니다.

로마시대 군인 부조

그래서 로마는 국가가 병사에게 돈을 지급했습니다. 이것은 매우 중요한 변화인데, 군인을 직업으로 하는 사람이 생긴 전환점입니다. 반대로 국가는 군인에게 주는 월급을 마련하려고 끊임없이 정복전쟁을 하게 됐습니다. 그리고 더 많은 전쟁을 하기 위해 정복지의 사람들을 로마 시민권을 주면서 군인으로 뽑았습니다.

중세의
전쟁

기 사 의 몰 락

1,000년도 더 넘게 계속된 그리스와 로마의 고대문명은 정치가 부패하고, 역병이 돌며, 종교가 타락하면서 속부터 무너지고 있었습니다. 밖에서도 4세기 후반 게르만 민족의 대이동과 7세기 이슬람 제국의 부흥으로 엄청난 도전을 받았으며, 결국 지중해를 내어주고 현재의 유럽 대륙으로 옮겨갔던 것입니다.

이후 내륙에서 탄생한 중세 왕국들은 기마병을 중심으로 군대가 만들어졌습니다. 그런데 중세의 기마병은 고대국가들과 달랐습니다. 고대 왕국의 기마병은 유목민과 관련 있지만, 중세는 생산자인 농민과 전문군인인 기마병(기사에 포함)으로 나뉘었습니다.

중세사회는 동양과 서양을 막론하고 여러 산업 가운데 농업이 큰 비중을 차지했습니다. 그에 따라 고대사회보다 사회의 폐쇄성이 높아졌고, 그 결과 고대보다 전쟁의 빈도가 훨씬 줄었습니다. 이민족의 침입이나 종교적 갈등에만 전쟁이 벌어졌던 것입니다.

아무튼, 이들 기사는 게르만과 이슬람과의 전투에서 승리하려고 오래 훈련을 받아 전문적인 싸움기술을 익혀야 했고, 때로는 대를 이어 어린 시절부터 훈련을 받기도 했습니다. 또한 갑옷과 투구 등 무거운 장비를

기사도 없는 기사

소설이나 영화에 나오는 기사는 대부분 멋있게 묘사된다. 또한 '기사도'라고 하면 예의 바르고 비겁하지 않은 것을 뜻한다.

그러나 정작 기사의 실체는 이와 거리가 먼 사례가 훨씬 더 많다. 그들은 평화를 존중하지 않고, 평화 시에도 전쟁만 그리워했다. 기사는 전쟁을 위해 존재하는 일종의 전쟁 전문가로, 늘 약탈과 파괴, 고문을 일삼았다. 때로는 부녀자 폭행했으며, 예의도 바르지 않았다. 예의나 형식을 갖추는 기사도는 같은 기사 계급끼리만 통하는 일종의 특권의식이었을 뿐이다.

입고 전쟁에 나갔습니다.

그런데 이러한 기사는 15세기를 지나면서 또 다른 국면을 맞이합니다. 절대로 흔들리지 않을 것 같았던 막강한 전쟁 전문가인 기사는 몇 가지 이유로 쇠락의 길을 걷습니다.

무엇보다 기사 장비가 너무 무거워졌습니다. 영화에 자주 등장하듯이 치렁치렁한 사슬 갑옷에다 자신을 더 잘 보호하려고 금속 갑옷을 덧입게 되었는데, 총 무게만 30kg이 넘었습니다. 행여 말에서 떨어지면 일어나기조차 힘든 웃지 못할 상황이 됐습니다. 말도 다치지 않게 하려고 보호 장구를 입힙니다.

이렇게 되자 기동력이라는 기병의 장점이 사라지고 둔해질 뿐 아니라 비라도 오거나, 험한 땅에서 싸우면 불리하기 짝이 없었던 것입니다. 한마디로 전투 능력을 높이려던 조치들이 오히려 전투력을 떨어뜨린 셈입니다.

기사계급이 무너진 또 다른 이유는 새로운 무기의 발달입니다. 석궁이 발명됐으며, 화약의 발명으로 총이나 대포가 생겨나자 말을 타고 창이나 칼을 무기로 쓰는 기사는 높은 전투력을 발휘할 수 없었습니다.

또한 석궁과 총 그리고 대포는 기병보다는 보병이 정지한 채로 사용해야 훨씬 더 정확하게 사격할 수 있어서 전쟁은 다시 기병에서 보병으로 중심추가 넘어갔습니다.

게다가 기사를 키워내는 데는 수년에서 수십 년이 걸리지만, 석궁이나 총은 사용법을 익히는 데 며칠이나 몇 달이면 가능한 점도 기사의 몰락을 재촉했습니다.

칭기즈칸과 몽골의 기마병

유럽에서 기사와 말이 모두 보호 장구로 무장해 엄청난 무게를 지탱하며 싸울 때 아시아에서는 전혀 다른 모습의 획기적인 기마병이 나타났다. 몽골의 칭기즈칸이 말의 중량과 기마병의 무장도 가볍게 함으로써 속도를 빠르게 해 그야말로 기동력을 확보하여 전투에서 승승장구했다. 칭기즈칸이 지휘했던 병력 중 가장 많았던 때가 페르시아를 정복할 때였는데 그 수가 불과 23만 9,000명에 불과했다. 그러나 그는 이러한 기동력을 이용해서 전쟁마다 파죽지세의 승리를 거두었다. 몽골군의 기동력은 역사상 가장 뛰어났던 것으로 평가받는다.

칭기즈칸의 후계자인 오고타이가 1241년 죽으면서 유럽 정복에 나섰던 몽골군이 철수하자 유럽인은 한목소리로 신의 은총에 감사드리며 안도의 한숨을 깊이 내쉬었다고 할 정도로 몽골군의 전쟁 기술은 막강했다.

근대의
전쟁

시민혁명과
국민국가의 전쟁

 시간이 지나면서 전쟁 방식과 전쟁의 주역이 변했으며, 많은 국가가 전쟁으로 역사의 뒤안길로 사라졌습니다. 1500년부터 프랑스혁명이 일어난 1789년까지(중세의 마지막부터 근대의 시작점까지) 유럽 국가는 500여 개에서 100개 정도로 줄었습니다. 물론 국가가 사라진 가장 큰 이유는 전쟁입니다. 아무래도 봉건제가 산업혁명으로 사라진 데다가, 전쟁의 화력 역시 기술의 발전으로 엄청나게 발전했기 때문입니다. 전쟁은 수많은 중세적인 국가를 사라지게 하고, 새로운 근대국가를 탄생시키는 데 결정적인 역할을 했습니다.

물론 전쟁만이 중세에서 근대로 넘어가게 하는 유일한 원인은 아닙니다. 봉건제의 기초였던 구교(가톨릭)가 쇠락했으며, 농업 위주의 장원경제가 상공업 위주의 자본주의로 넘어갔습니다. 신교와 구교의 전쟁이었던 삼십년전쟁은 이러한 특징을 복합적으로 포함합니다. 그래서 1618년에서 1648년까지 유럽 대륙 전체를 휩쓸었던 삼십년전쟁과 이를 종결시킨 베스트팔렌조약을 근대국가 탄생의 기점으로 보는 것입니다.

삼십년전쟁의 시작은 구교인 가톨릭과 신교 간의 종교전쟁이었습니다. 루터가 종교개혁에 나서자 구교인 교황이 이에 맞서면서 전 유럽사회가 요동쳤습니다. 신교와 구교는 1555년 아우크스부르크에서 어렵게 종교화해에 합의했지만 갈등은 멈추지 않았으며 17세기 중반이 되자 결국 전쟁으로 치달았습니다.

처음에는 종교전쟁이었지만 시간이 갈수록 왕과 제후들의 권력다툼으로 변질했습니다. 결과적으로는 신교 측의 승리로 종교적 권위, 특히 로마교황의 권위가 쇠퇴하고 신교를 따르는 국가들이 유럽을 주도하게 되었습니다. 또한 라틴어를 공통어로 쓰던 것에서 각 국가의 모국어를 사용하게 됐습니다. 삼십년전쟁의 결말로 베스트팔렌조약이 잠시 유럽 국제정치의 안정을 가져왔지만, 근대민족국가의 탄생은 판도라의 상자를 연 격이었습니다.

삼십년전쟁 이후 유럽 국가들은 두 가지 문제에 직면합니다. 즉 "어떻게 살아남을 것인가?"와 "권력(주권)을 누가 차지할 것인가?"였습니다.

먼저 생존문제인데, 교황이라는 국제정치의 슈퍼권위Super Authority가 사라져 생존, 즉 국가안보에 대한 책임은 개별 민족국가에 돌아갔습니다. 각 국가는 더 강한 국가가 될수록 생존의 가능성이 커지므로 필요하다면 전쟁도 불사해가며 강한 국가가 되려고 애썼습니다. 강한 국가의 탄생과 산업발전으로 인한 화력 향상은 더 파괴적인 전쟁을 불러왔습니다.

이때부터 전쟁은 결사적으로 적을 완전 섬멸시키는 것이었습니다. 파괴력이 증가한 전쟁은 다시 더 강한 국가의 출현을 초래했습니다. 중세와는 다른 규모의 전쟁이 빈번하게 발생했는데, 중세의 전쟁이 수천에서 수만이었다면, 나폴레옹의 러시아원정은 50만 대군에 이르렀습니다. 러시아원정에서 살아남은 생존자는 겨우 1,000여 명에 불과했습니다. 이런 경향은 20세기 두 차례의 세계대전까지 이어졌습니다. 제1차 세계대전에서는 4,700만이 죽었고, 제2차 세계대전에서는 무려 7,000만 명 이상 희생됐습니다.

근대국가가 두 번째로 직면한 문제는 "권력(주권)을 누가 차지할 것인가?"였습니다. 근대민족국가의 주인 자리는 일단 절대군주에게 돌아갔습니다. 군주의 권력은 왕권신수설로 정당화됐습니다. 이러한 절대왕정의 표상이 바로 '태양왕'으로 불리던 프랑스의 루이 14세입니다. 루이 14세는 매우 악한 왕이었지만, 동시에 프랑스가 유럽의 패권을 차지하는 데 큰 공헌을 했습니다. 그가 악정을 베풀 때, 신하들이 반대하자, 그가 했던 유명한 대사가 바로 "짐이 곧 국가다."입니다. 왕의 권력은 신이 준 것이라는 이 사상이 곧 절대왕정의 출발입니다.

그러나 권력은 군주가 먼저 차지했지만, 그 군주의 권력은 인민에게서 나왔습니다. 중세 권력의 기반은, '가톨릭'과 '장원경제'였지만, 근대국가는 '개신교'와 '자본주의'였습니다. 중세의 분권체제를 허물고, 근대의 중앙집권적 국가에서 독점적인 왕권을 차지할 수 있었던 것은 자본주의의 기반이 된 상공업자였습니다. 그들은 근대국가의 국민이었던 동시에, 군대와 무기를 살 수 있는 자금줄이었으며, 군 병력의 공급원이었습니다.

근대국가를 형성하는 과정에서 같은 편이었던 군주와 국민이 된 상공인은 시간이 갈수록 사이가 나빠졌습니다. 군주와 귀족은 과거와 똑같이 권력과 부를 누리지만, 상공인은 근대국가의 핵심 지지기반이었지만 정치적인 지위는 여전히 보잘것없었습니다. 장원경제에 있던 농노가 상공인으로 바뀌었지만, 체제는 크게 바뀌지 않았던 것입니다. 대외적인 큰 변화와 다르게, 내부에는 불평등한 계급 차이가 그대로 존재하기에 큰 변화가 없었고, 이 불만이 커져 절대왕정에 저항하여, 마침내 시민혁명으로 이어진 것입니다.

시민혁명은 17세기에 영국에서 먼저 일어났습니다. 독일과 프랑스는 전쟁이 일상이었던 반면, 영국은 치열한 유럽 내의 전쟁에서 한 발짝 떨어져 있었기에 생존문제가 덜 긴급했으며, 이 때문에 인민의 주권문제가 일찌감치 전면에 등장했습니다. 1688년 영국에서는 명예혁명이 일어났으며, 이것이 뒤에 영국의 의회민주주의 출발시킨 시발점으로 평가받습니다.

반면 프랑스는 혁명이 수차례 일어났습니다. 큰 혁명만 해도 프랑스 대혁명(1789), 7월 혁명(1830년) 그리고 2월 혁명(1848년)이 있는데, 그만큼 프랑스는 인민의 혁명과 절대군주의 복귀가 교차하면서 많은 피를 흘렸습니다.

독일은 민권문제가 통일이라는 더 큰 문제 뒤로 미루어졌습니다.

1648년에서 1815년까지, 유럽은 절대적 주권을 확보하려는 민족국가 간의 치열한 세력다툼의 전쟁 기간이었으며, 근대국가 체제가 확실하게 자리 잡는 시기였습니다. 밖으로는 전쟁, 안에서는 혁명이 일어나는 혼란의 연속이었습니다. 이런 와중에 전 유럽을 다시 엄청난 전쟁의 광풍으로 몰아간 것이 1792년부터 1815년까지 있었던 나폴레옹전쟁입니다. 나폴레옹전쟁은 전쟁사에서 매우 중요한 의미가 있는데, 국민군대와 총력전쟁의 등장으로 요약할 수 있습니다.

먼저 삼십년전쟁을 포함해서 그 이전의 전쟁 대부분은 주로 용병이 하는 전쟁이었지만, 근대국가 성립 뒤에는 국민을 동원한 상비군이 전쟁을 수행했습니다. 물론 상비군이 근대국민국가에 와서 처음 생긴 것은 아닙니다. 과거 로마군도 상비군이었으며, 오스만제국도 상비군이 있었습니다. 그러나 유럽의 전쟁 중심이 상비군으로 정착한 것은 근대민족국가의 탄생과 밀접한 관계가 있습니다. 삼십년전쟁이 신교와 구교의 전쟁이지만, 동시에 구교 측의 용병과 신교 측 상비군의 맞대결이기도 했으며, 결국 후자의 승리가 상비군으로 정착한 이유입니다.

용병은 가난에 시달리다 못해 살기 위해 돈을 받고 전쟁에 나선 시골 사람이 많았습니다. 이들은 어느 편을 위해 싸우느냐가 중요하지 않고, 누구든지 돈을 더 주면 언제든지 편을 바꿔 싸울 정도였습니다. 또한 용병은 전쟁이 없는 시기에는 약탈과 강간, 살인을 저지르는 난폭한 집단이었으며, 공포의 대상이었습니다. 아무튼 상비군은 근대의 강력한 국가를 형성하는데 아주 중요한 요소가 되었습니다. 프랑스의 나폴레옹은 40만

■■■■■■ 워털루 전투(윌리엄 새들러 作), 1815년 6월 나폴레옹 1세가 이끈 프랑스군이 영국, 프로이센 연합군과 벨기에 워털루(Waterloo)에서 벌인 전투로, 프랑스군이 져서 나폴레옹 1세의 지배가 끝남

이 넘는 유럽 최대의 상비군 병력을 자랑하면서 유럽의 패권을 차지합니다. 프랑스혁명으로 전제군주국가에서 국민국가로 바뀌자, 과거 군주의 권력을 위한 전쟁에서, 국민이 주인 되어 국방을 담당하는 징병제도를 채택했습니다. 이는 현대적 의미의 국민군대가 등장한 것으로 볼 수 있습니다.

나폴레옹전쟁의 또 다른 의미는 총력전, 섬멸전, 또는 절대전쟁이라는 새로운 현상에서 찾을 수 있습니다. 총력전이란 국가의 전 역량을 총동원하여 전쟁을 수행한다는 개념입니다. 즉 전쟁의 목적과 수단의 측면에서 제한이 없어진 것입니다. 총력의 뜻은 징병제로 국민이 전쟁에 나간다는 것은 물론이고, 후방의 지원까지도 포함됩니다. 즉 노약자나 여자도 군수물자를 만들고 보급하는 일에 동원되는 것을 말합니다. 당시 육군대신이었던 카르노는 국민에게 다음과 같은 담화를 발표했습니다.

"무기를 들 수 있는 모든 장정은 전쟁에 나오고, 노약자와 아녀자는 군수물자를 만들고 보급하는 일에 봉사하라."

나폴레옹전쟁은 철저한 파괴와 끝없는 살상 총력전의 시작이자 표본과도 같은 전쟁이었습니다. 나폴레옹의 총체적 전쟁은 반세기가 지난 뒤 톨스토이가 전쟁의 비참함과 어리석음의 극단을 표현한 『전쟁과 평화』의 배경으로 삼기에 가장 알맞은 전쟁이었는지도 모릅니다.

당시 프로이센의 육군 장교 출신이었던 클라우제비츠가 쓴 유명한 『전쟁론』에서도 절대전쟁론을 주장합니다. 적의 완전한 파괴와 굴복을 전제하는 절대전쟁의 개념을 제시하고, 이를 현실적으로 어느 정도 타협이 가능한 '현실 전쟁'과 구별했습니다. 그는 전쟁이란 적의 의지를 굴복시켜야 하는 것을 목적으로 하는 폭력 행위이므로 상대의 중심을 향해 총력전을 펼쳐야 한다고 주장했습니다. 이는 20세기의 서양은 물론이고 아시아의 일본이나 중국의 마오쩌둥에게도 큰 영향을 끼쳤습니다.

흑석역 평화의 소녀상. '위안부' 문제는 전쟁 중 성폭력이고 전시 성노예제이며 국제법에 위반되는 중대한 인권침해이기 때문에 모든 법적 책임이 일본 정부에 있다. 따라서 유엔 인권기관에서도 공식적인 사죄와 배상을 해야 한다고 지금까지 거듭 권고해왔다.

제2차 세계대전 당시 일본의 식민지였던 우리도 일제의 총력전을 위해 많은 청년이 징병당하고 각종 공장에 노동자로 강제로 끌려갔으며, 여자까지 일본군 성노예로 잡혀가는 등 막대한 손해를 입었습니다.

국가가 총력을 기울이는 대량살상 전쟁은 거액의 재정이 필요합니다. 거대한 자본을 도입한 대규모 전쟁이 가능해지자, 다시 재정을 강화해야 하는 악순환에 빠졌습니다. 전쟁은 국가가 가장 큰 에너지와 열정을 쏟아붓는 국가 최대의 사업이 된 것입니다. 나폴레옹전쟁으로 급상승한 전쟁 비용은 계속 상승해서 100년이 지난 뒤 제1차 세계대전 그리고 그로부터 불과 20년이 지난 제2차 세계대전에서 정점을 찍었습니다. 특히 제2차 세계대전 말에 일본의 히로시마와 나가사키에 투하된 원자폭탄은 총력전의 끝장을 보여준 것이라고 할 수 있습니다.

일본에 투하된 핵폭탄으로 이후 전쟁의 양상은 재차 변하게 됩니다. 왜냐하면 전멸, 특히 승리자나 패배자나 모두 공멸할 수 있다는 의식이 생겨나면서, 총력전이나 절대전이 아니라 제한전쟁이 부상한 것입니다. 한국전쟁도 제3차 세계대전을 대신한 일종의 대리전쟁이자 제한전쟁이고, 이후 베트남전쟁도 그렇게 볼 여지가 많습니다.

 자신의 논리 쌓기

1. 고대국가의 기마병과 중세의 기마병의 차이는 무엇입니까?

2. 삼십년전쟁과 이를 종결시킨 베스트팔렌조약을 근대국가 탄생의 기점으로 보는 이유는 무엇인가요?

3. 프로이센의 클라우제비츠가 쓴 『전쟁론』이 주장하는 절대전쟁론을 설명하십시오.

제 4 장

세계의 전쟁

세계 속의 전쟁,
전쟁 속의 세계

제3부에서는 고대부터 근대까지의 전쟁 역사를 살펴보았는데,
이번 장에서는 20세기 이후 벌어졌던 주요 전쟁을 소개하고자
합니다.

제1차
세계대전

현 대 전 의
시 작

프랑스의 나폴레옹과 전쟁했던 유럽연합국은 전후처리로 빈조약을
체결하였습니다. 빈조약이 체결된 1815년부터 1914년까지 100년간 유럽은
평화를 유지하는데 이 기간을 '유럽협조체제Concert of Europe'라고 부릅니다.
프로이센이 독일 통일과정에서 오스트리아와 프랑스와 합쳐 18달 정도
전쟁을 벌인 기간도 있었지만, 17세기와 18세기 절반 이상이 전쟁 기간이
었던 점에 비하면 인상적인 안정이었습니다. 특히 각국은 내부적으로 인

민혁명으로 갈등과 위기가 심화되었으나 열강끼리는 전쟁을 벌이지 않았습니다. 그 비결은 열강의 세력 균형입니다.

빈체제는 1815년에 영국, 프로이센, 러시아, 오스트리아의 4국 동맹이었다가, 3년 뒤 1818년에 절대왕정을 회복한 프랑스가 가세해 집단지도체제를 만듭니다. 이를 '빈회의'라고 합니다. 이 회의는 유럽협조체제 100년간 약 50회 정도 정상회담을 열었는데, 초기에 특히 자주 모여서 유럽의 국제 질서 안정을 도모하였습니다. 유럽의 5개 주요 열강이 패권부상을 막고 세력 균형의 원리에 따라서 서로 견제하며 안정을 유지했습니다. 이러한 세력 균형에 의한 안정은 특히 비스마르크가 큰 역할을 했습니다. 그러나 통일을 이룬 독일의 황제 빌헬름 2세는 현상유지와 안정을 원한 비스마르크와 충돌해 사임시키고, 결국 팽창전략으로 나가게 됐습니다. 100년간 안정을 유지하면서 쌓인 갈등이 한꺼번에 폭발했습니다.

제1차 세계대전 발발의 직접적인 계기는 1914년 6월 28일 사라예보를 방문하던 오스트리아 황태자 부부가 세르비아 민족주의자 청년 가브리오 프린치프에게 암살당한 일이었습니다. 하지만 그것이 전쟁의 근본 이유는 아니었습니다.

전쟁의 첫 번째 원인은 앞에서 말한 유럽 열강의 세력변화에서 찾아야 합니다. 영국의 패권은 하락하고, 독일은 통일 이후 최강국으로 부상하였고 세계 정복의 야심이 커지면서 서서히 유럽의 안정이 흔들렸습니다. 빌헬름 2세는 독일 민족주의를 주장하며 오스트리아를 끌어들이고, 이탈리아와 함께 삼국동맹을 구성합니다. 이에 위협을 느낀 영국은 프랑스, 러시아와 함께 삼국협상을 결성합니다. 이렇게 100년간 다섯 열강이 서로 견제하면서도 공동 행보를 했던 것이 동맹과 동맹으로 나뉘어 적대관계로 가버렸습니다.

여기에 범게르만주의와 범슬라브주의의 세력이 발칸반도(제1차 세계 대전 당시 발칸 반도에 속한 나라는 세르비아 왕국, 몬테네그로 왕국, 루마니아 왕국, 그리스 왕국, 불가리아 왕국, 오스트리아-헝가리 제국)에서 충돌했습니다. 발칸반도를 지배해왔던 오스만제국의 세력이 약해진 틈을 타서 열강의 각축이 본격화된 것입니다. 독일의 지원을 받은 오스트리아가 슬라브계의 보스니아와 헤르체고비나를 병합하자, 러시아가 세르비아를 앞세워 맞섰습니다. 지난 100년간의 합의에 따른 질서가 무너지고 열강 사이에 세력투쟁이 일어났습니다. 그 발화점이 바로 사라예보였던 것입니다. 황태자 부부가 암살을 당하자 오스트리아는 곧바로 세르비아를 상대로 전쟁을 선포했고, 러시아는 오스트리아에 선전포고를 했습니다. 이어 독일이 오스트리아 편을 들어 참전했고, 프랑스와 영국, 일본까지 줄이어 참전을 선언함으로써 마침내 제1차 세계대전이 발발합니다.

제1차 세계대전의 또 다른 핵심 이유는 바로 제국주의 현상입니다. 영국과 프랑스가 선발 제국주의 국가로서 아시아와 아프리카를 식민지로 정복할 당시만 해도 경쟁은 심하지 않았습니다. 그중에서도 영국은 '해가 지지 않는 나라'라는 별명을 얻을 만큼 넓은 땅을 차지했습니다.

하지만 유럽의 다른 국가도 앞다투어 식민지개발에 나서면서 정복할 식민지가 줄어들었고 이 때문에 경쟁이 치열해졌습니다. 예를 들면 아프리카를 두고 영국은 이집트에서 남아프리카공화국까지 종단으로 정복해갔고, 프랑스는 서쪽 모로코에서 출발해서 동쪽으로 팽창해갔습니다. 그

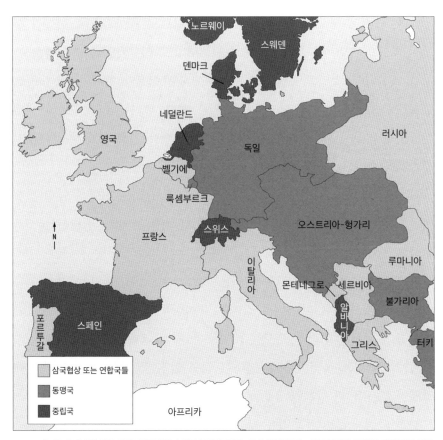

노르웨이
스웨덴
덴마크
네덜란드
독일
러시아
영국
벨기에
룩셈부르크
오스트리아-헝가리
스위스
프랑스
루마니아
이탈리아
몬테네그로
세르비아
불가리아
알바니아
포르투갈
스페인
그리스
터키

삼국협상 또는 연합국들
동맹국
중립국

아프리카

■■■■ 제1차 세계대전 발발 당시 삼국협상과 삼국동맹의 지도. 이때 이탈리아는 삼국동맹을 이탈해 연합국에 가담

러다가 수단의 파쇼다에서 마주쳐 전쟁이 날뻔했으나 프랑스의 양보로 위기를 넘기기도 했습니다.

프랑스는 양보해도 땅이 많았지만, 후발주자인 독일과 이탈리아 등은 달랐습니다. 영국과 프랑스가 이미 차지한 식민지로 말미암아 더는 정복할 땅이 없었던 것입니다. 이렇게 되자 독일은 중요한 선택 앞에 놓이게 됩니다. 기존의 제국주의 질서대로 다시 유럽으로 돌아가느냐, 아니면 선발 주자들의 영토를 전쟁을 통해서라도 빼앗느냐는 것입니다. 독일은 후자를 택합니다. 독일과 프랑스가 모로코에서 충돌할 뻔했지만, 영국이 프랑스 편을 들어 함대를 파견하자 독일은 일단 후퇴합니다. 그러나 이후 독일은 포기하지 않고 세력을 늘리고 삼국동맹을 강화하며 호시탐탐 기회를 노렸습니다. 그러다가 결국 발칸에서 터진 것입니다.

　제1차 세계대전은 전쟁사나 군사학적 측면에서도 큰 변화를 알린 전쟁이었습니다. 나폴레옹전쟁이 상비군에 의한 총력전 또는 섬멸전의 시작이라고 한다면, 제1차 세계대전은 현대전의 시작점으로 볼 수 있습니다. 신무기의 경쟁마당 같았는데, 아직은 정찰기 수준이지만 비행기가 처음으로 등장했고, 독일이 염소가스라는 생화학무기를 사용했으며, 탱크와 잠수함이 엄청난 위력을 과시했습니다. 제1차 세계대전에서 사용된 신식 무기들의 위력을 목격한 각국 정부는 전쟁 이후에도 무기와 전술 개발에 엄청난 투자를 퍼붓게 됩니다.

　또한 징병제로 많은 병력을 확보하였을 뿐 아니라, 역할에 따라 세분하고 능률향상을 위해 조직화했습니다. 전통적인 육군 중심에서 해군과 공군의 중요성이 강조됐습니다. 독일의 참모총장 슐리펜Schlieffen은 속전속결로 기동작전을 펼쳐서 적의 기본병력을 포위해 섬멸시키는 전술을 선호했는데, 제1차 세계대전 당시 독일의 기본전략이었습니다. 전쟁 초반에는 매우 효과적이어서 곧 승패가 날듯 보였지만, 시간이 갈수록 대치와 지구전의 지루한 전쟁 양상으로 흘렀습니다. 결국 슐리펜전략은 실패했고, 군수와 식량 보급에 약점을 보였던 독일은 시간이 갈수록 패색이 짙어졌습니다.

　다급해진 독일은 적인 연합국에 막대한 전쟁 물자를 공급하던 미국을 상대로 무차별 잠수함 작전을 전개했습니다. 결국 독일의 잠수함이 미국의 상선을 격침시키자, 미국도 전쟁에 뛰어들었습니다. 이때부터 전세는 완전히 역전되었으며, 독일의 패배로 이어졌습니다. 1918년 11월 11일 이른 새벽, 독일 정부 대표 에르츠베르거와 협상국 연합군의 총사령관 포슈 장군이 프랑스 동북부의 콩피에뉴 숲 속의 열차에서 종전협정에 서명했습니다. 독일이 항복한 것입니다.

제2차
세계대전

파괴적인
첨단무기의 등장

제1차 세계대전이 끝나자 베르사유체제가 성립됩니다. 전쟁은 1918년 말 독일이 항복문서에 서명함으로써 끝났지만, 전후 처리를 위한 협상이 오랜 기간 이어졌고, 이듬해 6월 파리 근교에 있는 베르사유궁전에서 승전국과 패전국 사이에 조약이 체결됐습니다. 전쟁을 마무리함과 동시에 전후 유럽과 세계 질서를 어떻게 할 것인가에 관한 조약인데, 문제는 승전국들에는 한없이 유리하고, 독일을 포함한 패전국들에는 한없이 가혹했습니다.

독일은 비스마르크 시대에 프랑스로부터 돌려받은 알자스-로렌 지방을 다시 넘겨주어야 했고, 모든 식민지를 포기해야 했습니다. 게다가 잠수함이나 신무기 등을 보유할 수 없고, 군대 역시 10만으로 제한받았습니다. 게다가 1,320억 마르크라는 독일이 도저히 감당할 수 없을 만큼의 엄청난 배상금을 물어야 했습니다. 반면에 승전국들은 식민지를 그대로 유지했는데 이는 윌슨의 반제국주의를 향한 민족자결주의 원칙이 승전국에게는 제대로 실현되지 않았던 것을 뜻합니다.

우리나라에도 불똥이 튀었습니다. 윌슨의 민족자결주의에 고무되어 3.1만세운동까지 했던 우리나라는 일본이 승전국이었던 탓에 식민 지배에서 벗어나지 못했던 것입니다.

윌슨이 주도한 또 하나의 전후처리방식은 전쟁방지를 위한 새로운 집단안보체제의 구축입니다. 국제연맹이 그 첫출발이었습니다. 윌슨은 독재자의 야욕이 동맹을 만들고, 그 동맹이 전쟁의 원인이 되었다고 생각했기에 동맹체제가 아닌 모든 국가를 한 국제기구 안에 모아야 한다고 주장했습니다. 침략국가가 생기면 국제연맹에 속한 모든 국가가 그 침략국을 응징할 것이기에 함부로 전쟁을 일으킬 수 없다고 생각했던 것입니다. 19세기 외교가 힘의 균형을 위해 서로 동맹을 맺고, 다른 동맹과 대적하다가 전쟁으로 갔으므로 동맹정치를 중단하고, 국제기구를 세워 전쟁을 예방하자는 뜻입니다.

그러나 윌슨의 이러한 구상은 당시 국제정치를 지배하던 '힘의 균형' 원칙보다 너무 이상주의였습니다. 미국 내에서도 반대 여론이 비등해졌으며, 결국 국제연맹에서 빠져버리자 국제기구는 시작부터 흔들렸습니다. 국제연맹은 이후 이탈리아가 에티오피아를 침략하고, 일본이 만주를 침략했어도 아무런 힘을 쓰지 못했습니다.

그리고 20년 만에 또 다른 세계대전이 발발했습니다. 국제연맹은 실패했습니다. 그렇다고 집단안보체제가 완전히 사라진 것은 아닙니다. 국제연맹의 약점을 보완해 국제연합이란 이름으로 재탄생하였습니다. 유엔 창설 이후에도 전쟁이 300번 이상 일어날 정도로 전쟁을 막고 평화를 지키는 데 여전히 한계가 있지만 그런데도 국제협력을 이끄는 등 제한된 능력은 발휘한다고 할 수 있습니다.

베르사유체제의 많은 문제 중에 특히 독일에 대해 지나치게 가혹한 처사는 독일로 하여금 복수를 꿈꾸게 했습니다. 이론적으로만 완벽한 민주주의였던 바이마르공화국은 이미 정치 기능을 상실했고, 전후 거의 파탄지경에 이른 독일 경제는 국민에게 절망만 가져다주었습니다. 이를 파고든 히틀러가 독일을 전체주의 국가로 몰아갔습니다. 또한 처음에는 독일 편에 섰다가, 동맹에서 나와 승전국이 된 이탈리아는 영국과 프랑스와 달리 거의 이익을 얻지 못해서 불만이 생겼습니다. 그리고 또 다른 전승국 일본은 세계로 뻗어 나가려는 야심을 본격화했습니다. 게다가 1920년대 말 전 세계에 경제공황이 닥치면서 민족주의의 불길이 거세졌고, 국제 정세는 불안해졌습니다.

독일, 이탈리아, 일본에서 극단적 민족주의를 기반으로 전체주의 운동이 일어났습니다. 독일은 히틀러의 나치즘이 1922년에, 이탈리아에서는 무솔리니의 파시즘이 정권을 잡았고, 근대화에 성공한 일본은 1936년 군국주의 정권이 들어서면서 영국, 프랑스, 미국이 주도하는 세계 질서를 거부하고 무력을 통한 국제질서 변경을 추구했습니다.

결국 1939년 제2차 세계대전이 발발하였습니다. 1918년 당시 콩피에뉴 항복회담에서 승전국 대표로 참여했던 포슈 장군은 베르사유조약체결 소식을 듣고 "그것은 평화가 아니다. 그것은 20년간의 휴전이다."라고 말했는데, 그의 말이 정확하게 들어맞은 셈입니다.

제2차 세계대전은 전체주의 국가인 독일, 일본, 이탈리아가 영토팽창과 패권획득을 위해 벌인 전쟁이 세계대전으로 번진 것입니다.

독일은 히틀러가 정권을 잡자마자 베르사유조약에서 정한 독일의 군비제한을 무시하고 군수산업을 육성했습니다. 군수산업 육성으로 공장과 도로를 건설함으로써 실업문제를 해소했고, 군비를 증강했습니다. 1935년 히틀러는 배상금 상환을 거부했고, 베르사유조약의 폐기를 선언합니다.

또한 독일 인종의 우수성을 내세우고 유대인, 장애인, 동성애자, 노숙자 들을 인간쓰레기 취급하여 500만 명 이상을 학살하는 홀로코스트를 저지릅니다. 약자는 무가치하므로 살 자격이 없다는 논리였습니다. 홀로코스트란 원래 "완전히 불태워 버리다."라는 그리스어에서 유래되었는데, 나치의 유대인 학살 이후 고유명사처럼 됐습니다. 제1차 세계대전 이후 오랜 혼란을 겪으면서 피폐해진 독일인들은 히틀러에 열광하였고 지지도가 무려 90%를 넘었습니다.

히틀러는 1936년 11월 일본과, 다음 해 11월에는 이탈리아가 참여해 방공협정을 체결함으로써 전체주의 동맹이 형성되어 전쟁의 암운이 본격

■■■■■ 게슈타포 수용소에서 유대인에게 벌어진 만행

적으로 드리워졌습니다. 내친김에 독일은 1938년 오스트리아 합병의 여세를 몰아 체코를 침략해서 점령한 뒤 폴란드에 영토를 내놓으라고 했습니다. 폴란드가 거부하자 1939년 9월 1일 새벽 4시 45분 독일은 160만 대군을 이끌고 침공을 개시했고, 그동안 유화정책으로 일관하던 영국과 프랑스가 독일에 선전포고를 하고 전쟁에 돌입하게 됩니다. 이것이 제2차 세계대전의 시작입니다. 폴란드를 침공하기 전에 히틀러는 동쪽의 소련과 상호 불가침조약을 비밀리에 맺었는데, 그것은 전선이 양쪽으로 벌어지면 불리하다는 판단으로 히틀러가 소련을 설득해서 체결했습니다.

전격전電擊戰

원래 전격전은 영국의 풀러가 제안한 기계화 전쟁이 첫 구상이었지만 실용화되지는 못했고, 이를 눈여겨본 독일의 전차부대의 아버지라 불리는 하인츠 구데리안 장군이 실행했다. 번개와 같이 빠른 전격이라는 뜻의 독일어 블리츠크리그Blitzkrieg가 그대로 하나의 고유명사화된 것이다. 장갑차를 최대한 빨리 이동시켜 마치 화재 발생 초기에 불을 끄는 것처럼 적이 미처 준비하기 전에 공격해서 무력화시키는 전략이다. 항공병과 낙하산병도 협동작전을 했으며 빠른 돌파와 우회해서 포위하는 전술 등을 함께 사용해 적의 저항 의지를 초전에 완전히 궤멸했다.

전쟁을 시작하고 1년 동안은 독일이 파죽지세로 승승장구했습니다. 히틀러의 작전은 소위 '전격전'이었는데, 첫 번째 공격에 전력을 최대한 투입해서 초전박살을 내는 것이 가장 핵심입니다. 덴마크, 노르웨이, 네덜란드, 벨기에 그리고 프랑스까지 순식간에 함락당했습니다.

그러나 전세는 1941년을 기점으로 바뀝니다. 영국이 독일의 숱한 폭격에도 오랜 항전을 이어갔고, 독일이 소련과의 불가침조약을 어기고 1941년 5월 15일 기습적으로 침략(바르바로사 작전)하면서 소련을 전쟁으로 끌어들여 상황은 반전합니다. 소련도 엄청난 손해를 입었지만, 나폴레옹이 경험했듯이 러시아의 추운 날씨는 독일의 공격을 어렵게 만들었습니다.

게다가 일본이 1941년 12월 진주만을 기습하면서 미국마저 전쟁에 뛰어들자 전세는 완전히 역전됩니다. 일본의 해군 사령관 야마모토는 독일의 전격전을 모방해 일거에 미국의 해군을 궤멸하고자 했습니다. 미국의 태평양함대가 큰 손해를 입기는 했지만 제1차 세계대전의 양상과 유사하게 미국을 전쟁으로 끌어들인 것은 최대의 실수가 되었습니다.

1942년 후반부터 연합군이 총공세를 취했습니다. 미드웨이해전에서 미국은 일본을 대파했고, 소련은 스탈린그라드 전투에서 그리고 영미 연합군은 아프리카에서 독일을 격파했습니다. 1943년 연합군의 시칠리아 상륙작전으로 무솔리니정권이 무너지고, 이탈리아는 마침내 항복합니다. 그리고 연합군은 1944년 노르망디 상륙작전으로 두 달 만에 파리를 해방하고 승리를 목전에 두게 됩니다. 결국 1945년 5월 독일의 베를린을 함락시켰고, 히틀러는 자살했으며, 일주일 뒤 독일도 무조건 항복했습니다. 가장 늦게까지 버티던 일본은 미국이 8월 히로시마와 나가사키에 각각 원자폭탄을 투하하자 항복했습니다.

이로써 1939년에 시작해서 6년간 이어졌던 제2차 세계대전은 제1차 세계대전보다 인적·물적으로 훨씬 더 큰 피해를 줬습니다. 61개국이 참전해서 대략 7,000만 명이 희생된 인류 최악의 전쟁이었습니다. 전쟁의 범위도 유럽이 중심이었던 제1차 세계대전보다 훨씬 더 넓어져, 태평양은 물론이고, 아프리카와 동남아까지 확대되었습니다. 최대의 피해국은 소련으로 3,000만 명 정도가 희생되었습니다.

제2차 세계대전은 또한 이념 전쟁이었습니다. 독일의 나치즘, 이탈리아의 파시즘 그리고 일본의 군국주의가 배타적 민족주의를 내세웠습니다.

연합군은 전체주의가 세계 정복에 나선 것에 반대해 싸웠습니다.

　또한 전후에는 곧바로 미국과 소련이 서로 체제의 우월성을 내세운 새로운 이념대결을 진행하여 긴장이 고조되었습니다. 제2차 세계대전 역시 갖가지 신무기가 등장했는데, 원자폭탄을 포함해 훨씬 더 파괴적인 첨단 무기가 등장했습니다. 이전 전쟁은 육지와 바다에서 벌이는 2차원적 전투가 전부였으며, 좁은 시야의 전투로 살상규모도 크지 않았습니다. 그러나 제2차 세계대전은 공중까지 포함한 3차원으로 확대되었으며 무기의 살상능력이 엄청나게 증강되었습니다.

냉전

미국과 소련의
진영 대결

💬 "러시아 사람들과 대서양을 사이에 둔 영국과 미국은 영구적인 우호 관계를 유지하려고 노력했고 지금도 하고 있습니다. 그러나 제 의무는 현재 유럽에서 벌어지는 상황을 솔직히 말씀드리는 것입니다. 유럽 대륙에 발트 해의 스태틴Stettin에서 아드리아 해의 트리스티Trestie까지 철의 장막이 쳐졌습니다. (중략) 동서를 막론하고 전 지구 상에 그림자가 드리워지고 있습니다."

윈스턴 처칠이 냉전의 도래를 경고한 유명한 연설문 일부입니다. 냉전은 제2차 세계대전이 끝난 이후부터 1991년 소련이 붕괴하고 사회주의 진영이 몰락하면서 공식적으로 끝납니다. 이탈리아의 파시즘, 독일의 나치즘 그리고 일본의 군국주의가 일으킨 세계대전에서 연합국의 일원으로 함께 싸웠던 미국과 소련의 불안정한 동맹관계는 전쟁이 끝난 뒤 본격적으로 분열합니다.

미국의 주도 아래 서유럽 자본주의와 소련의 주도 아래 동유럽 사회주의가 진영 대결을 벌이게 된 것입니다. 1949년 독일이 동서로, 한반도 역시 미소의 세력대결 결과 남북으로 분단되었습니다. 제2차 세계대전을 끝으로 제국주의 시대는 종말을 고하고 이후 아시아, 아프리카, 라틴아메리카의 식민지국들은 나라를 되찾고 신생독립국이 되었습니다. 그러나 과정은 순탄치 않았으며, 미소 냉전대결의 영향 아래 힘겨운 국가 건설을 이어가야 했습니다.

냉전이란 말은 누가 언제 만들었고, 또 사용했는지는 불분명합니다. 1945년 가을부터 서방국가들과 소련 진영 사이에 팽배하기 시작한 긴장상태를 표현하기 위해 사용되었다는 것이 가장 정설입니다. 따라서 전쟁이 일어날 수 있는 고도의 긴장상태지만 전쟁은 아닌 상태를 말하는데 과거에는 그 긴장이 더 진행되어 전쟁으로 가면서 그 긴장을 해소했으나, 제2차 세계대전 이후 초강대국들은 그렇게 할 수가 없었습니다. 특히 전쟁 막바지에 핵무기의 위력을 목격한 이후 전쟁은 곧 공멸을 뜻했기 때문입니다.

20세기 중반의 세계는 둘로 쪼개졌습니다. 두 개의 독일, 두 개의 한국, 두 개의 베트남, 두 개의 유럽으로 갈라졌습니다. 미국과 소련 두 초강대국은 군비를 경쟁하고, 핵무기까지 개발하여 위협했습니다. 그런데도 냉전질서가 유지되는 동안에는 그토록 염려했던 제3차 세계대전은 일어나지 않았습니다.

하지만 이는 미국과 소련이 직접 대규모 전쟁을 하지 않았을 뿐 지구상 여러 곳에서 300회 이상의 크고 작은 전쟁이 수시로 발발했습니다. 미국과 소련 그리고 다른 강대국들은 제한적·간접적으로만 전쟁에 참여했습니다. 이념이 직접 충돌하는 위치에서 약소국 간에 그리고 분단국가 그리고 국가 내 반란 같은 전쟁이 자주 일어났습니다.

대표적인 것이 한국전쟁과 베트남전쟁입니다. 또한 1962년에는 소련이 쿠바에 미사일 기지를 세우고 핵무기를 배치하자 이를 둘러싸고 미국과 소련은 핵전쟁 직전 상황까지 갔었습니다. 그러다가 1991년 소련을 포함한 사회주의경제가 추락하고, 내부 쿠데타나 국민의 저항과 봉기가 일어나면서 해체되었습니다.

냉전은 전쟁과 관련해 몇 가지 독특한 사고와 관점을 탄생시켰습니다. 예를 들면 군비경쟁을 통한 균형과 더 나아가 핵무기로 공포의 균형이라는 새로운 질서가 등장했습니다. 서로 무기경쟁을 하고 상대에게 겁을 주어 함부로 전쟁을 일으키기 어려워진다는 것입니다. 특히 핵무기는 핵전쟁이 일어나면 승리자도 패배자도 모두 같이 멸망할 수 있기에 공포의 균형에 의한 역설적인 평화가 유지될 수 있다는 것입니다.

유명한 국제정치학자 케네츠 왈츠는 그래서 핵무기는 확산이 아니라 보급이라고 불렀습니다. 적극적으로 보급해서 오히려 전쟁을 막자는 뜻에서 사용했습니다. 그러나 이는 궤변이라는 비판을 평화주의자에게 받습니다. 평화를 위해 무기를 만들고 또 전쟁한다는 억지 논리라는 겁니다.

　냉전은 또한 동맹의 확대에도 큰 영향을 끼쳤습니다. 서로 진영이 나뉘다 보니 약소국은 강대국의 보호를 받기 원하고, 강대국은 상대국과의 경쟁에서 유리한 위치를 차지하고 더 큰 영향력을 가지려고 가능한 많은 국가와 동맹을 맺는 것입니다. 특히 유럽에서는 미국과 유럽 국가가 강력한 동맹체제인 북대서양조약기구 나토NATO를 만들자, 이에 대항하여 소련과 동유럽 국가가 바르샤바조약기구WTO를 만들었습니다. 유럽 이외 지역, 특히 아시아에서는 미국과 개별 국가들이 양자동맹을 맺었는데, 한미동맹, 미·일동맹, 미·호주동맹, 미·필리핀동맹 등으로 진영을 형성했습니다. 반대편에서는 북한이 중국과 소련과 각각 개별동맹을 맺어 대결구조를 구축했던 것입니다.

베트남전쟁

전쟁과
미디어

베트남전쟁 또는 월남전은 1961년부터 1975년까지 계속된 미국과 남베트남이 한편이 되어 북베트남과 베트콩(Vietcong, 남베트남에 있던 공산주의 세력인 '남베트남 민족 해방 전선')과 벌인 전쟁입니다.

베트남전쟁은 한국전쟁과 마찬가지로 제국주의와 두 차례의 세계대전 그리고 냉전체제가 배경이자 원인입니다. 1883년부터 베트남은 프랑스의 식민지였습니다. 제2차 세계대전 중에는 일본이 점령했다가, 전쟁 말기에는 일본군을 몰아냈고, 독립운동을 이끈 민족영웅 호찌민은 1945년 전쟁이 끝나자 북부 베트남을 중심으로 베트남민주공화국을 수립했습니다. 그런데 남베트남은 제국주의의 미련을 버리지 못한 프랑스가 다시 돌아와 베트남 왕조의 마지막 황제인 바오다이^{Bao Dai}를 앞잡이로 내세워 별도의 국가를 세웠습니다. 이 때문에 1946년부터 베트남과 프랑스는 9년간 전쟁을 벌였지만 호찌민의 승리로 끝났습니다. 1954년 제네바협정으로 프랑스는 베트남에서 완전히 철수하는 대신 북위 17°선을 중심으로 남북 분단체제는 유지하기로 합의했습니다.

그런데 프랑스가 물러간 자리에 미국이 개입하기 시작했습니다. 미국의 지원을 받는 응오딘지엠^{Ngo Dinh Diem}이 바오다이를 쫓아내고 베트남공화국(남베트남)을 세우고 대통령에 올랐습니다. 미국은 한국전쟁과 동유럽의 공산화 과정을 경험하면서 공산주의의 다음 대상이 베트남이라고 생각했습니다. 제2차 세계대전 직후 트루먼 대통령은, 소련과 공산주의 물결을 막는다는 강력한 봉쇄정책을 표방했고, 이어 아이젠하워 대통령은 동남아시아를 이 봉쇄전략의 성공 여부를 판가름할 승부처라고 보았던 것입니다. 소위 '도미노 이론^{Domino Theory}'을 주장했는데, 도미노게임처럼 한 국가가 공산화가 되면 걷잡을 수 없이 주위로 번지게 되므로 처음부터 막아야 한다는 것입니다. 즉 베트남이 공산화되면 차례로 인도차이나반도, 동남아시아 그리고 이는 전체 아시아와 세계로 확산할 것이므로 베트남의 공산화를 막는 것이 미국의 이익과 직결된다고 간주했던 것입니다.

미국의 이런 반공주의와 봉쇄전략은 베트남 내부 사정이나 베트남 국

호찌민(베트남 독립의 아버지, 1890~1969)

민의 의견을 완전히 무시한 처사입니다. 북베트남의 호찌민은 독립운동의 공로와 함께 개혁노력으로 국민에게 깊은 신망을 얻고 있었던 반면, 남베트남은 미국의 엄청난 지원에도 심각한 부패로 국민이 등을 돌리고 있었습니다. 결국 응오딘지엠은 1963년 암살당하고 맙니다.

하지만 미국은 포기하지 않습니다. 존슨 대통령은 베트남에 친미정권을 지원하려고 본격적인 전쟁을 준비했습니다. 호찌민은 남베트남을 무력통일하기로 하고, 정규전과 동시에 베트콩을 동원해 남쪽 내부를 교란했습니다. 미국과 남베트남은 남쪽 내부의 베트콩과 북베트남과의 두 전쟁을 치러야 했는데 이미 민심이 돌아선 탓에 연전연패를 당했습니다.

이에 미국은 북베트남이 베트콩 뒤에서 조정하는 것으로 판단하고 북베트남과의 전면전을 준비합니다. 전쟁의 명분이 없었던 미국은 조작을 통해 만들어내는데, 그것이 유명한 통킹 만 사건입니다. 1964년 7월 미국의 구축함 매덕스 호가 통킹 만에서 북베트남 잠수함의 어뢰와 기관총 공격을 받았다는 것으로 미국은 이를 빌미로 북베트남과 전면전을 벌입니다. 미국 의회는 전쟁에 대한 전권을 대통령에게 부여했습니다. 그런데 훗날 이 사건은 미국이 먼저 북베트남 군함을 공격한 것으로 밝혀졌는데 전쟁을 벌이기 위해 조작된 사건이었습니다. 아무튼 미국은 북베트

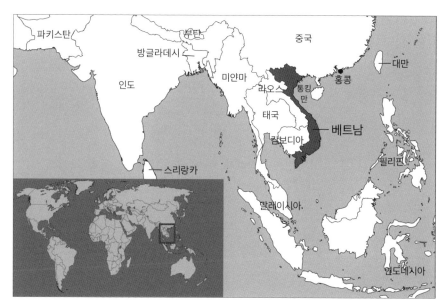

남의 도시와 농촌을 무차별 폭격하는 총공세에 나섰습니다. 베트콩이 숨어있다고 판단한 정글을 없애버리기 위해 고엽제라는 독극물을 뿌리고 3,000°의 고열을 내뿜으며 불바다로 만드는 네이팜탄을 쏟아부었습니다.

북베트남도 가만히 있지 않았으며, 1968년 1월 설(음력설)을 맞아 새벽에 남베트남의 36개 도시에 대한 기습작전을 감행하였습니다. 이 '구정대공세'로 전쟁 양상은 역전되었습니다. 북베트남도 수만 명의 희생이 있었지만, 미국은 더 큰 타격을 받았습니다. 이후 미국 내 여론도 나빠지면서 반전운동이 거세게 일어났고, 미국의 전쟁 참여에 대한 국제 여론도 함께 나빠졌습니다. 존슨을 이어 대통령에 오른 닉슨 대통령은 1973년 1월 파리에서 평화협정을 맺고 베트남에서 철수했습니다. 미군이 철수하고 미군의 무기와 장비를 지원받은 남베트남 정부는 베트콩과 전쟁을 계속했지만 역부족이었습니다. 결국 북베트남과 베트콩의 대공세로 1975년 수도 사이공을 함락당함으로써 패망하게 됩니다.

베트남전쟁은 미국에 악몽의 전쟁으로 기억됩니다. 베트남전쟁은 미국이 제2차 세계대전 이후 가장 많은 병력을 투입했으며, 더 많은 양의 폭탄을 투입했음에도 역사상 첫 패배를 당한 전쟁입니다. 세계 최강의 지위는 유지할 수 있었지만 자존심에 큰 상처를 입었고, 국내 여론도 분열되었습니다. 당시 국내의 반전 분위기는 소위 '베트남신드롬'을 나았는데, 제3세계의 도전을 통제하기 위해 미국이 군사적으로 개입하는 일은 없어야 한다는 것입니다. 미국이 국익과도 직접적인 관련이 없는 지구 반대편까지 군대를 보내 세계 경찰관이 될 필요는 없으며, 될 수도 없다는 인식이 퍼졌습니다.

베트남전쟁은 또한 텔레비전의 전쟁으로 알려졌습니다. 이게 무슨 말일까요? 제2차 세계대전이나 한국전쟁에 관한 영상자료도 꽤 남아있지만, 그것은 역사 기록물의 성격이 컸습니다.

그런데 베트남전쟁은 TV 기술이 발전하고 대량으로 보급되면서 전쟁을 안방에 생중계했습니다. 미국이 공산주의에 맞서 자유를 위해 싸운다는 명분을 자랑하려고 적극적으로 종군기자들과 함께 방송 촬영기사를 대거 전장에 투입했습니다. 열심히 싸우고 있다는 것을 국민에게 홍보하려는 목적이지만 의도와 다른 반대의 결과를 낳았습니다. 어떤 장면을 찍든지 사전검열 없이 내버려 두었는데, 수많은 미국인이 TV를 통해 자기 나라의 젊은 군인들이 죽어 나가는 모습을 보고 충격을 받은 것입니다. 홍보는커녕 왜 자기들의 젊은 청춘이 아무 상관도 없는 머나먼 나라의 내전에 가서 목숨을 잃는 것이냐고 불만을 터뜨렸습니다. 이는 점점 대규모 반전운동으로 번졌습니다.

베트남전쟁에서 호된 신고식을 한 미군은 이후 방송 방식을 바꿉니다. 1990년의 걸프전이나 2003년 이라크전쟁에서는 철저하게 정보를 통제하고 일단 미국에 유리한 장면만 골라서 방송했습니다. 기자나 촬영기사도 정부에 협조적이고 유리하게 보도할 사람들만 선택해서 보냈습니다. 전쟁에 대한 왜곡이 일어난 것입니다. 이는 그전에 아예 일반 국민이 전쟁을 보지 못해서 일어난 왜곡이나 무지보다 훨씬 더 나쁜 결과를 초래할 수 있습니다. 왜냐하면 정부가 입맛대로 여론을 조작해서 정당하지 못한 전쟁을 지속할 수 있기 때문입니다.

중동의
전쟁

세계의 화약고

20세기 이후 중동을 가리켜 '세계의 화약고'라 부릅니다. 실제로 많은 전쟁이 지속해서 발발했습니다. 아랍과 이스라엘 간의 5차례 전쟁 그리고 이란-이라크전쟁과 이라크의 쿠웨이트 침공처럼 아랍국끼리의 전쟁도 일어났으며, 소련과 미국의 아프간 침공과 미국의 이라크 침공처럼 강대국에 의한 전쟁 등 다양하게 발발했습니다. 그리고 최근에는 민주화 과정에서 실패한 아랍 국가들로 인한 내전은 물론이고, 이슬람 국가를 자칭하는 테러 집단 IS가 준동하고 있습니다.

먼저 이스라엘과 아랍 국가 간의 전쟁은 십자군전쟁 이래로 아랍과 서구 기독교문명 사이의 오랜 적대감이 밑바탕에 깔렸습니다. 이스라엘과 아랍 국가 대부분은 종교가 정치에 미치는 영향이 큰 탓에 서로 적대적입니다. 그런데 이런 적대감에 불을 붙인 것은 영국을 위시한 서구 열강의 전략입니다. 제1차 세계대전의 승리를 위해 영국이 아랍민족과 유대민족에게 양다리를 걸쳤던 것이 전쟁의 씨앗이 되었습니다. 영국은 1915년

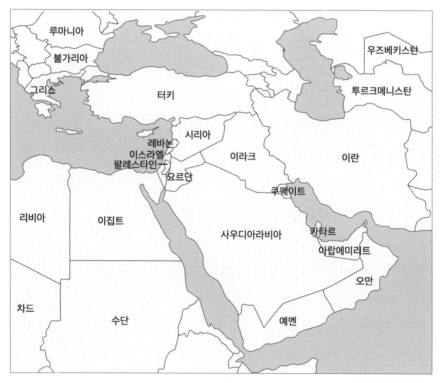

■■■■■ 팔레스타인 주변 지도

'맥마흔 선언'을 통해 오스만제국에서 독립하기 원했던 아랍민족들을 지지할 것을 약속했지만, 2년 뒤 '벨포어 선언'으로 팔레스타인에 유대인국가를 건설해줄 것을 약속했습니다. 양다리 걸치기는 제1차 세계대전 승리에는 큰 원동력이 되었지만 이후 분쟁지역으로 만들어버렸습니다.

전쟁이 끝난 이후 이스라엘은 서구 열강의 지원을 등에 업고 팔레스타인의 땅을 빼앗았습니다. 이스라엘은 이에 그치지 않고 영국과 미국의 묵인 속에 주변의 아랍 국가와의 전쟁을 통해 영토를 확장해 나가면서 분쟁이 끊이지 않게 되었습니다. 작은 규모의 전쟁은 수도 없이 많았으며, 대규모 전쟁만 모두 다섯 차례가 있었는데 이스라엘의 독립전쟁이라고 불리는 1948년 팔레스타인 전쟁을 시작으로 1956년 수에즈운하 전쟁, 1967년 6월 전쟁, 1973년 욤 키푸르 전쟁 그리고 1982년 레바논 전쟁입니다. 이스라엘은 성서 시대에 로마에 쫓겨난 다음 오랜 유랑시대를 보내고 원래 땅을 회복하는 것으로 생각하지만, 팔레스타인은 이미 오랫동안 정착한 곳을 빼앗기는 셈입니다. 또한 미국의 지원을 받는 이스라엘의 세력 확장을 두려워하는 이집트, 시리아 등 주변 아랍국들이 팔레스타인을 지원하는 연합군을 형성하면서 국제전이 되어왔습니다.

이스라엘이 팔레스타인 영토 대부분을 점령한 이후 1982년 레바논 전쟁을 끝으로 양측 간의 전쟁은 아직 발발하고 있지 않지만 크고 작은 충돌과 적대감으로 인한 긴장은 여전합니다. 사우디아라비아, 아랍 에미리트, 요르단처럼 현재는 이스라엘과 대체로 우호 관계를 유지하는 나라도 있지만, 외교적 이익에 의한 우호일 뿐, 이들 역시 심정적으로 절대 이스라엘을 지지하지 않습니다. 반이스라엘 성향 아랍국 가운데에서도 단연

으뜸으로 이스라엘을 증오하는 나라는 이란입니다. 2015년 이란이 미국과 핵협정에 서명하기 전까지 이스라엘과 이란은 일촉즉발의 시간을 보냈습니다. 이란은 핵 개발이 완료되면 언제든 이스라엘을 공격하겠다는 의지를 보였고, 이스라엘은 이란이 핵 개발을 완료하기 전에 어떻게든 핵시설을 공습하려 했습니다.

이스라엘의 역사와 독립 그리고 종교 갈등이 중동전쟁의 큰 원인이지만, 이 외에도 다양한 이유가 있기에 화약고라고 불리는 것입니다. 한 역사학자는 중동 지역의 전쟁을 이해하려면 물과 석유, 종교, 민족 그리고 정치지도자들의 야망을 모두 파악할 때만이 가능하다고 말했습니다. 1980년 9월 이라크의 사담 후세인이 이란을 침공하여 8년간 이어진 전쟁은 이런 다양한 원인을 거의 모두 가진 전쟁이었습니다. 전쟁의 직접적 원인은 양국 사이로 흐르는 샤트알아랍 강에 대한 통제권 확보와 이란 혁명정권의 타도였습니다. 이라크는 선전포고 없이 공격했지만 쉽게 승리하지 못했으며, 길게 이어지던 전쟁은 1988년 8월, 100만 이상의 사상자를 내며 끝났습니다.

이란-이라크전쟁의 또 다른 원인은 종교입니다. 이란은 국민의 80% 이상이 시아파입니다. 이라크는 수니파 정권이 다수인 시아파를 지배해옴으로써 오래전부터 종파갈등을 겪어왔습니다. 이에 이란의 시아파 주도로 이슬람 혁명정부를 세우며(이란 이슬람 혁명) 중동에 자신을 중심으로 이슬람제국을 세울 것을 선언하자 위협을 느낀 이라크가 선제공격한 것입니다. 여기에 이란의 친미정권인 팔레비 왕정이 붕괴하고 반미 혁명정부가 집권하자 미국이 이란을 견제하기 위해 전통적인 대립관계에 있던 이라크에 대규모 군사적 지원을 했던 것도 전쟁의 또 다른 원인입니다.

다음으로 살펴볼 중동의 전쟁은 걸프전입니다. 걸프는 페르시아 만을 끼고 있는 지역으로 그 주변을 쿠웨이트, 이라크, 사우디 등 세계 주요 산유국들이 집중해있어 전략적으로 매우 중요합니다. 앞에서 지적했듯이 이란 이슬람교 혁명 이후 중동지역의 패권을 추구하던 사담 후세인은 이란과의 8년 전쟁에서 많은 빚을 지게 되었는데 그중에 140억 달러를 쿠웨이트에 빌렸습니다. 석유 감산으로 가격이 오르면 그것으로 빚을 해결하고자 했던 이라크와는 반대로 쿠웨이트는 오히려 석유를 증산해 이라크가 타격을 입습니다. 이전부터 쿠웨이트에 대한 야욕이 있던 이라크는 이를 빌미로 1990년 8월 2일 쿠웨이트를 침공했습니다. 이라크의 침공은 곧바로 전 세계의 비난을 받았고, 유엔안보리는 철수결의안을 통과시켰지만 이라크는 거부했습니다.

이렇게 되자 미국 주도의 34개국 다국적 연합군이 '사막의 폭풍'이라는 작전명으로 개입해 이라크와 전쟁을 벌였습니다. 이는 제2차 세계대전 이후 편성된 최대 규모의 연합군이었습니다. 전쟁은 크게 두 단계로 나뉘었습니다. 먼저 공중전으로, 꼬박 11일간 공습한 끝에 제공권을 장악한 다음 대규모 지상군을 투입해 쿠웨이트에서 이라크 군대를 몰아내고 이라크 영토로 진격했습니다. 그리고 지상전이 시작된 지 100시간 만에 전쟁을 끝내버렸습니다. 미국의 무지막지한 대규모 공습으로 이라크의 피해는 처참할 정도였습니다. 이라크전쟁은 미국의 뉴스 전문 채널인 CNN 위주로 전투가 생중계되었습니다. 특히 미국이 목표물을 명중해 폭파하는 영상을 실시간으로 보도하면서 비디오게임 전쟁이라는 별명까지 얻었습니다. 영상조작이라는 소문이 나돌았지만 미국의 첨단군사기술을 과시했던 전쟁이며, 냉전붕괴 이후 감히 대적할 상대가 없는 유일 패권임을 확인했던 전쟁입니다. 그러나 미국은 자신이 필요해서 키웠던 이라크가 중동정세를 불안정하게 만든 괴물이 되었고, 이를 자신이 다시 응징하는 악순환을 만든 책임에서 벗어날 수 없습니다. 특히 무참한 공습으로 수많은 민간인과 산업시설까지 파괴되었습니다.

끔찍한 전쟁은 걸프전에서 끝나지 않고 10년이 흐른 뒤인 2001년과 2003년에도 일어났습니다. 2001년 비극적인 9·11테러로 미국은 이 두 전쟁을 일으켰습니다. 미국의 아프가니스탄 침공 원인은 빈 라덴의 알카에다 조직이 9·11테러를 자행했고, 미국의 요구에도 탈레반 정권이 빈 라덴을 두둔한 데 있었습니다. 진주만 이후 처음으로 미국 영토가 공격받았고 동시에, 테러리스트 19명에게 세계 최강의 패권이 당한 것에 어떤 식으로든지 보복이 필요했습니다.

그러나 그것이 침공의 모든 이유는 아닙니다. 아프간은 막대한 원유의 중요한 수송로이자, 이란·중국·러시아를 견제할 수 있는 전략요충지였기에 침공 당시 반미정부였던 탈레반을 제거하고 친미정부를 세우려 했던 의도가 컸습니다. 미국의 이러한 욕심으로 전쟁이 15년간 이어지면서 아프간은 거대한 무덤이 되었습니다. 정확한 통계조차 없지만, 사망자는 130만이 넘는 것으로 추정하고 있습니다. 이번에도 민간인의 피해가 극심했습니다.

아프간이 처음 겪는 비극은 아니었습니다. 1979년에도 소련이 침략해 10년간 전쟁했고, 당시에도 민간인만 150만 명이나 사망했습니다. 1973년

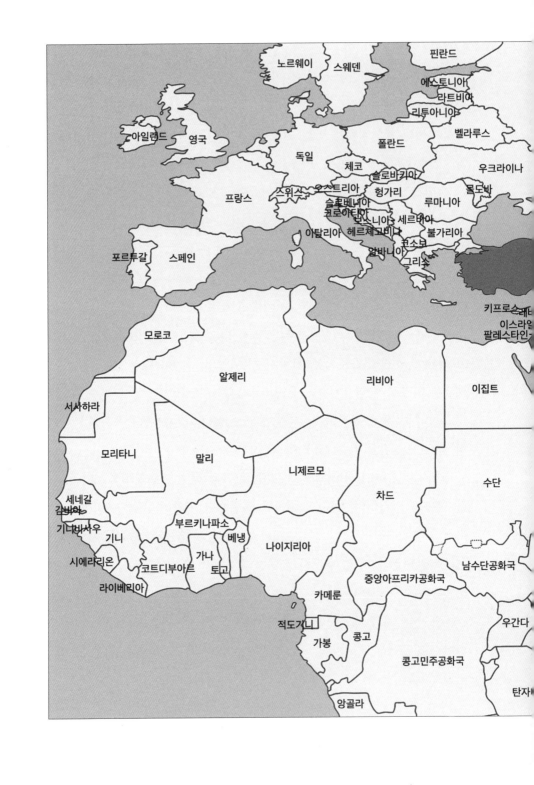

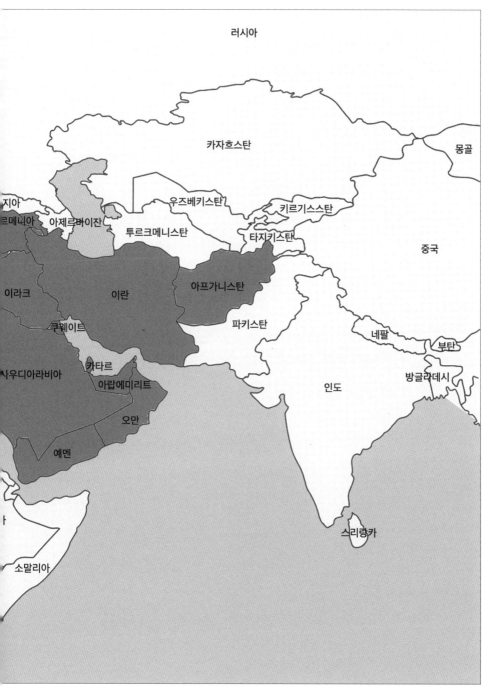

중동 지역 지도

쿠데타로 왕정이 무너지고, 공화국을 수립했던 아프간은 친소정부가 집권했지만 반이슬람정책으로 민심이 돌아섰고, 1979년 이란혁명에 고무된 저항세력 무자헤딘이 등장해 반정부투쟁을 했습니다. 이에 불안을 느낀 소련은 친소정부를 지원하기 위해 침공했습니다. 하지만 아프간 국민은 조직적으로 저항투쟁을 벌였고, 소련은 시간이 갈수록 어려움에 빠졌습니다. 소련의 아프간 침공은 소련판 베트남전쟁이라고 불립니다. 왜냐하면 미국이 베트남 민족주의를 과소평가해서 큰 실패를 맛봤듯이 소련 역시 아프간의 이슬람원리주의를 과소평가해서 큰 곤경에 빠진 것입니다. 결국 소련은 10년간 끌던 전쟁을 그만두기로 하였고, 1989년 2월 철수했습니다.

아프간전쟁 실패가 소련 붕괴의 모든 이유는 아니지만 큰 영향을 끼친 것은 분명합니다. 그리고 미국 역시 15년 전쟁에 1조 달러에 달하는 비용을 쏟아부었지만 얻은 것은 거의 없습니다. 친미정부를 세우지도 못했고, 반미정서만 키웠습니다. 이러한 반미정서를 이용해 최근에는 시리아에 근거지를 둔 이슬람 무장단체 IS까지 진출하고 있습니다. 물론 아프간의 피해가 가장 참혹했습니다. 25년간 두 초강대국의 전쟁에서 300만 이상이 사망했고, 259만의 난민이 발생했습니다. 아프간 아이 10명 중 1명은 다섯 살이 되기 전에 사망했습니다.

미국은 아프간 침공 이후 2년 만에 이라크까지 침공합니다. 아프간 전쟁이 9·11테러의 충격과 알카에다의 책임론과 결부되면서 적어도 개전 초기에는 비교적 많은 동조를 얻었던 데 비해 이라크전쟁은 국내외로 엄청난 반대가 있었습니다. 테러와의 직접적인 연결고리가 없는데도 단지

대량살상 무기를 보유하고 있다는 이유만으로 미국이 침공한 것은 국제 법적으로 인정되기 어렵습니다. 게다가 전쟁의 이유로 내세웠던 대량살상 무기는 결국 발견되지도 않았습니다. 미국 부시 대통령은 냉전 이후 유일한 초강대국의 지위를 유지하고, 전략적으로 중요한 중동지역에 미국에 눈엣가시 같은 정권들을 쓸어버려야 한다고 믿고 무리한 전쟁을 일으킨 것입니다. 속전속결로 끝날 줄 알았던 전쟁은 베트남이나 아프간에서의 전쟁과 마찬가지로 이라크의 거센 저항으로 8년을 끌다가 2011년 12월에 종전되었습니다. 그리고 미군이 이라크에서 철수하자마자 이라크는 내란에 휩싸였습니다.

 자신의 논리 쌓기

1. 제2차 세계대전의 발발 원인은 무엇인가요?

2. 통킹 만 사건을 설명해봅시다.

3. 20세기에 들어와 중동이 '세기의 화약고'가 된 원인은 무엇입니까?

4. 전쟁을 생중계하는 방송을 어떻게 생각하는지 서술하세요.

제 5 장

새로운 전쟁

끊임없이 다양해지는 전쟁의 모습

20세기 후반에 국제사회의 안정과 질서는 테러리즘에 크게 위협당합니다. 정부가 통제하지 못하는 무질서는 종족분쟁이나 무장테러리스트의 온상이 되고 말았습니다. 이 상황의 원인을 살펴봅시다.

실패한
국가들과
내전

내전도
전쟁일까요?

가장 전형적인 전쟁은 국가와 국가의 싸움이며, 모르는 사람들을 적으로 삼아 싸웁니다. 이에 반해 내전은 국가 안에서 벌어지는 전쟁이며, 평소에 알고 지내던 이웃이나 심지어 피를 나눈 형제들을 상대로 싸웁니다. 영화 「태극기 휘날리며」에서 장동건과 원빈은 형제이지만 남과 북의 병사가 되어 서로 총을 겨누는 비극적인 전쟁의 모습을 적나라하게 보여줍니다. 정치적 이념이 달라서 그리고 한 국가를 놓고 서로 권력의 주인이 되기 위해 피 흘리며 싸웁니다. 지배세력은 기존의 체제를 유지하려고, 다른 쪽에서는 기존의 지배체제를 뒤집으려 전쟁을 벌입니다. 그래서 내전은 더욱 가슴 아프고 비극적인 모습을 띱니다.

그런데 한 국가 안에서 벌어지는 무력 충돌, 즉 내전도 전쟁일까요? 최근 국제법은 한 국가 안에서 2개 이상의 권력단체가 싸우는 내란도 전쟁 일부로 포함하고 있습니다. 물론 내란이 새로운 전쟁은 아니며, 이미 고대 왕국시대부터 존재했습니다. 그러나 이것을 새로운 전쟁 형태 중 하나로 보는 것은 내란의 규모가 매우 커졌고, 다른 국가가 개입해 확전되고, 또 국제정치 전체를 흔드는 양상을 보이기 때문입니다. 근래 내전의 또 다른 특징은 이라크, 시리아, 예멘, 리비아 등 실패한 국가에서 발발한다는 것입니다. 20세기는 독일, 일본, 미국, 소련 등 열강의 대결로 국제 정세가 위기에 빠졌다고 한다면, 21세기에는 실패 국가와 그로 인한 내전과 국제범죄 그리고 테러 집단의 등장이 국제 안보의 아킬레스건이 되고 있습니다.

최근 국제정치학이 보는 '실패 국가Failed State'는 정부가 자국 영토를 제대로 장악하지 못하고, 국민에게 적절한 기능과 역할을 해주지 못한 국가를 지칭합니다. 역사 속에서도 이러한 실패 국가가 존재했고, 결국 붕괴나 멸망으로 치달았습니다. 가깝게는 소련과 동유럽 국가들 역시 실패한 국가라고 볼 수 있고, 탈냉전 이후에는 소말리아나 르완다 그리고 북한 역시 실패 국가로 분류되기도 합니다. 르완다는 종족 갈등으로 100만 명 이상이 목숨을 잃었는데, 이는 웬만한 전쟁의 희생자보다 훨씬 더 많습니다. 시민단체인 '평화기금'과 외교전문지 「포린 폴리시」는 2005년부터

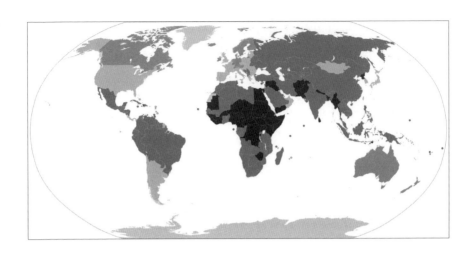

■■■ 실패 국가 지수, 색이 짙을수록 실패한 국가

매년 실패국가지수를 발표하는데 정치-군사적 지표, 사회적 지표 그리고 경제적 지표로 나누어 0에서 10까지 점수를 매기고 국가별 순위를 정합니다. 점수가 높을수록 실패 국가입니다.

현재 실패 국가지수의 상위권을 차지하는 국가 대부분은 중동과 아프리카에 있습니다. 시작은 가난 때문입니다. 경제가 파탄 난 데다가 종파들이 파벌싸움과 세력투쟁을 벌이면서 국민은 더욱 도탄에 빠지게 되는 것입니다. 특히 미국의 아프간 침략과 이라크 침략과 더불어 2011년 초 아랍 민주화의 후유증으로 상황은 더욱 나빠졌습니다. 수많은 시민이 독재체제에 저항하며 분연히 일어났지만, 그 결과는 좋지 못했습니다. 튀니지와 이집트에서는 장기집권하던 독재 권력이 시민의 저항에 무너졌지만, 리비아, 요르단, 예멘, 시리아에서는 독재정권이 승리하거나 아니면 내란

난민 문제Refugee Issue

난민이 폭발적으로 발생하는 사태는 현 국제정치의 가장 시급한 문제 중 하나로 떠오르고 있다. 난민협약에 따르면 난민Refugee은 "인종, 종교, 국적, 또는 특정 사회집단의 구성원 신분 또는 정치적 의견으로 박해를 받을 우려가 충분히 있다는 공포로 국적이 있는 국가 밖에 있는 사람으로서 그 국가의 보호를 받을 수 없거나 그러한 공포로 그 국적 국가의 보호를 받는 것을 원하지 않는 사람"을 말한다.

전쟁은 필연적으로 난민이 발생하므로 난민 역시 전쟁만큼이나 오래됐다고 할 수 있다. 하지만 현대적 뜻의 난민은 제2차 세계대전 이후 대두했는데, 전쟁이 끝나자 무려 700만의 난민이 발생하였다. 냉전이 해체된 21세기 들어서는 지역 분쟁과 내전 탓에 생긴 난민이 수천만 명이다. 2015년 6월 19일 난민의 날에 공식 발표된 난민의 숫자는 6,000만이다. 시리아는 전쟁 전 인구 2,300만 중 절반이 넘는 1,200만이 국내 실향민이 되거나 국외로 탈출해 난민이 되었다.

▬▬ 밀입국하려다 좌절돼 울고 있는 시리아 난민

에 빠져들었습니다. 정부군과 반군 사이에 치열한 전투가 벌어져 많은 사람이 목숨을 잃었으며, 수많은 난민이 발생했습니다.

정부가 통제하지 못하는 무질서는 종족분쟁이나 무장테러리스트의 온상이 됩니다. 수니파 극단주의 무장세력 IS가 시리아와 이라크 내전을 틈타 세력을 확장하는 것이나, 보코하람(2002년 결성된 나이지리아의 이슬람 극단주의 테러 조직)이 나이지리아를 장악한 것이 대표적입니다. 보코하람은 2009년 이후 1만 3,000명이나 살해했는데, 이쯤 되면 전쟁 수준입니다. 문제는 더 있습니다. 이를 기반으로 주위 국가들에 세력을 확장하는 것입니다. 보코하람은 인근 카메룬이나 니제르에 진출하고, IS는 이라크를 넘어 시리아와 아프간까지 영역을 넓히고 있으며, 전 세계를 대상으로 전쟁을 선언했습니다.

상황이 이렇게 된 데는 강대국의 이익 다툼 탓도 큰데, 그중에도 미국은 상당한 책임이 있습니다. 일차적으로 미국의 아프간과 이라크전쟁이 초래한 결과이기도 하기 때문입니다. 오랜 전쟁 끝에 친미정부를 억지

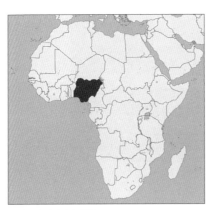
■■■■ 나이지리아 위치

로 세웠지만, 국가로서 제대로 된 기능을 못 하자 종족과 종파분쟁이 더욱 거세졌고, 이를 틈타 IS나 보코하람 같은 테러단체가 세력을 넓혔습니다. 미국은 또한 시리아 IS를 격퇴하기 위해 이란을 끌어들였는데, 이란은 시리아의 독재 정권을 지원하고 있습니다. 러시아

도 미국처럼 IS를 격퇴하려 하지만, 미국이 반군을 지원하는 것과는 달리 시리아 정부를 지원합니다. 이런 상황에 대해 「포린 폴리시」의 편집장 데이비드 로스코프는 군사용어인 '찰리 폭스트롯^{Charlie Foxtrot}'이라 표현하며 아프간에서 리비아까지 중동 전역이 전례 없는 혼란 상태라고 진단했습니다. 이 용어는 적군과 아군이 뒤섞여 통제 불능의 상황으로 치닫는 경우를 가리키는 군사용어인데 현상에 대한 정확한 표현이 아닐 수 없습니다.

테러리즘

테러리즘의 역사적 뿌리

테러Terror의 라틴어 어원은 '공포'를 뜻하고, 역사적 뿌리는 프랑스에서 찾을 수 있습니다. 프랑스혁명기의 급진파 자코뱅의 리더였던 로베스피에르가 휘둘렀던 '공포정치'에 기원을 두고 있습니다. 그는 혁명 정의를 실현한다는 핑계로 자신을 반대하는 정적을 무차별 살해하거나 단두대에 올려 잔인하게 참수했습니다. 이렇듯 원래 국민에 대한 국가의 테러를 가리키던 것이 20세기에 들어서면서 소수의 집단이 종교 그리고 정치적, 이념적 목적을 달성하기 위해 폭력이나 폭력 위협의 계산된 행동을 가리키는 말이 된 것입니다.

20세기 후반에 들어와서 테러리즘은 국제사회의 안정과 질서를 크게 위협했습니다. 이런 추세는 21세기에 들어서면서 더 심해져 평화에 대한 가장 심각한 도전으로 간주하는 실정입니다. 지금까지는 테러리즘을 하나의 범죄로 보았지만, 9·11테러 발

막시밀리앙 로베스피에르(1758~1794)

생 이튿날 유엔안보리에서 테러조직을 전쟁의 주체로 인정함으로써 이전과는 다른 새로운 형태의 전쟁이 시작되었음을 선언했습니다. 우리에게 가장 익숙한 것은 이슬람근본주의자들에 의한 극단적인 테러지만, 테러가 그들만의 전유물은 결코 아닙니다. 기존 정치체제를 전복하거나 불안에 빠뜨리고자 기도하는 개인이나 집단의 행위를 모두 포함하는데, 아일랜드와 알제리 등과 같이 반식민지 투쟁이 있고, 팔레스타인과 같이 영토 회복을 위해 싸우거나, 다른 종파 간 분쟁 그리고 스페인의 바스크처럼 분리·독립을 위한 투쟁까지 다양합니다.

테러리즘의 공포와 위력을 절감하게 한 것이 9·11테러일 것입니다. 세계무역센터 쌍둥이 빌딩과 미국 국방성에 가한 항공기 테러로 3,000명 이상이 목숨을 잃었던 비극적인 사건입니다. 테러가 일어나던 날을 생생하게 기억합니다. TV 화면에 보이는 광경을 도저히 사실이라고 믿을 수가

없었습니다. 미국 경제력과 자본주의의 상징처럼 우뚝 선 110층의 쌍둥이 건물이 무너져 내리고, 세계 최고의 군사력의 상징인 펜타곤이 항공기 테러를 당하는 것은 마치 영화 속 외계인의 침공처럼 비현실적이기까지 했습니다.

9·11테러는 새로운 형태의 전쟁을 알리는 서막입니다. 이전에는 적대관계에 있는 국가끼리의 전쟁이었으며, 전선이 형성되고 전쟁터가 있는 전쟁이었으며, 군인 간의 전투였습니다. 물론 어느 전쟁이나 민간인 역시 큰 손해를 입지만 현대 테러는 아예 민간인들을 주요 대상으로 벌입니다. 앞에서 살펴봤던 정당한 전쟁론조차 전투를 담당하는 군인과 민간인은 구별해야 한다고 했습니다. 그러나 이들은 오히려 민간인을 목표로 테러행위를 합니다. 적과 아군이 제대로 구별하기 어렵다는 점도 있습니다. 적의 실체도 잘 보이지 않습니다. 그들은 승리 또는 정복을 원하는 것도 아니고 그저 기습적이고 잔인하게 민간인을 공격합니다. 테러리스트들은 심지어 자기들의 목숨을 바치는 데도 주저하지 않습니다. 전 세계 군사비의 거의 절반을 차지하고, 1만 개가 넘는 핵무기 그리고 각종 첨단무기를 가진 미국의 경제·군사 중심부가 그토록 허망하게 무너질 수 있다는 것에 온 세계는 엄청난 충격을 받았습니다.

미국인은 물론이고 세계 대다수 사람은 9·11테러가 끔찍하고 반인류적인 죄악이라는 데 동감하면서도, 결국 미국이 추구해온 힘에 의한 평화의 허망함도 동시에 절감했습니다. 그런데 부시 행정부는 다시 힘의 논리로 대항했습니다. 테러와 전쟁을 선포하고 근거지를 소탕하겠다면서 아프가니스탄, 이라크와 전쟁을 벌인 것입니다. 하지만 결과는 미국에 더 큰 재앙으로 돌아왔습니다. 10년간 길고 지루한 전쟁으로 민간인 포함해서 5만이 넘는 목숨이 희생되었고, 미국인도 4,000명 가까이 사망했습니다. 미국의 보복 전쟁이 이해는 되지만, 과연 그 전쟁이 옳은 결정이었는가에는 다른 이야기가 나올 수 있습니다. 무엇보다도 전쟁이 보복과 테러 진압에 효과적이었는가에 대해서는 동의하기 어렵습니다.

그것은 이라크전쟁의 후유증을 틈타 새롭게 부상한 IS를 보면 더욱 그렇습니다. 오히려 알카에다보다 더 강하고, 더 잔혹한 테러리스트 집단이 등장했습니다. 아부 바르크 알바그다디의 주도로 알카에다 이라크 지부에서 출발한 IS는 이라크전쟁과 시리아 내란의 혼란한 틈을 타 세력을 확장했습니다. 이라크전쟁이 끝나고 미국이 철수하자 제대로 체계를 갖추지 못한 이라크군을 공격하여 미국이 남기고 간 첨단무기를 차지하고, 은행을 습격해 자금을 마련했습니다. 이어 시리아내전에 개입하여 시리아 수니파와 세력을 결집하였습니다. 또한 점령지의 유전을 이용해서 막대한 자금을 확보했습니다. 민족과 인종을 초월한 이슬람 국가로 자칭하였습니다. 이들은 고대문명을 파괴하고, 흉악한 반인륜적인 범죄를 저지르며, 포로를 처형하는 잔혹한 영상을 인터넷에 중계하는 수법으로 세계를 자극하고, 공포를 조장했습니다. 이들은 또한 한국의 김 군 사례에서 보듯이 기존의 아랍의 이슬람근본주의자만이 아니라 세계 곳곳의 사회에 적응하지 못하는 사람을 끌어모아 테러리스트로 키우기도 합니다.

결국 오바마 대통령은 2014년 9월 군사작전 돌입을 선언함으로써 또다시 테러와의 전쟁이 시작됐습니다. 그러나 전쟁 선언은 이들을 자극해 더욱 공격적인 테러로 이어졌습니다. 2015년 11월 프랑스 파리 시내 공연장,

식당, 거리에서 IS가 시민들을 향해 무차별적으로 총을 난사해서 200명 이상이 사망하는 끔찍한 테러를 저질렀습니다. IS는 파리 테러 전에 일어 났던 러시아 여객기의 공중폭파도 자신들 소행이라고 주장했습니다. IS 는 유럽과 미국은 물론이고, 아프리카와 아시아까지 전 세계로 무차별적 이고 동시다발적으로, 특히 무방비의 민간인을 대상으로 하는 소위 '소프 트 타깃Soft Target'을 대상으로 잔인한 테러를 벌이고 있는 것입니다.

테러는 범죄행위이며 곧 전쟁행위입니다. 특히 민간인을 상대로 벌이 는 테러는 이유와 목적을 불문하고 타도해야 합니다. 그러나 더불어 우리 가 잊지 말아야 할 사실이 있습니다. 테러리즘이 미국이나 미국의 동맹 국들에 맞선 소규모 적들이 자행한 행위를 가리킨다는 점입니다. 반대로 강대국이 무력을 사용하고 위협하는 것은 테러로 부르지 않습니다. 특히 그 강대국이 미국과 유럽의 열강일 때는 말입니다. 앞에서도 지적했듯이 테러리즘의 역사적 뿌리는 강자(국가)가 약자(국민)를 대상으로 벌인 폭력 입니다. 이 대목을 생각해봐야 합니다.

히틀러의 나치조차 제2차 세계대전 당시 레지스탕스를 테러라고 불렀 고, 일본 제국주의는 한국의 윤봉길 의사나 안창호 선생도 테러리스트라 고 불렀습니다. 히틀러가 500만의 유대인을 학살하고 수천만을 죽음으로 몬 것이나, 일본이 한국인을 대상으로 행한 엄청난 폭력을 스스로 테러 라고 절대 부르지 않았습니다. 오히려 역사적으로 보면 강대국이 약소국 에 저지른 테러가 훨씬 더 심각합니다. 테러는 약자보다는 강자의 무기인 적이 훨씬 더 많았던 것입니다. 미국 역시 예외는 아닙니다. 아이티, 니카 라과 등 중남미의 독재자와 사우디를 비롯한 중동국가의 대국민 테러는 눈감거나 방조했습니다. 미국과 이스라엘이 팔레스타인이나 레바논에 대한 폭력적 행동도 마찬가지입니다. 그러나 강대국은 테러의 이러한 이중성을 무시합니다. 테러의 근본 원인을 찾고 해결하기보다 무조건 테러에 대한 전쟁을 선포하고, 전쟁을 일으키는 악순환에 빠집니다.

핵전쟁

핵무기에 대한
두 가지 다른 시각

💬 핵전쟁은 핵무기를 사용하는 전쟁을 말합니다. 핵무기를 사용하지 않는 전쟁은 재래식 전쟁이라고 부릅니다. 핵무기가 전쟁에서 실제로 사용된 적은 단 두 번이며, 제2차 세계대전 끝에 일본을 대상으로 미국이 사용했습니다. 핵무기에 관한 최초의 연구는 1940년 독일 과학자들이 시도했습니다. 영국과 미국 역시 전쟁을 승리로 이끌기 위한 한 방편으로써 핵 개발에 협력했습니다. 1943년에 핵무기 연구와 실험을 모두 미국 영토

에서 한다고 합의했는데 가장 큰 이유는 미국이 독일의 공습 범위 밖이었기 때문입니다. 미국은 1945년 7월 16일 뉴멕시코에서 최초로 원자폭탄 폭발실험에 성공하였습니다. 당시 독일과의 전쟁은 끝났으나 일본과의 전쟁은 진행 중이었는데, 영국과 미국은 전쟁을 조기에 끝내려고 일본을 대상으로 원자폭탄을 사용하기로 합니다. 처칠은 『제2차 세계대전』에서 다음과 같이 썼습니다.

> 우리는 자비롭게도 극동에서의 학살을 단축하고 유럽의 미래를 대단히 낙관할 수 있게 하는 수단을 느닷없이 얻게 된 것 같았다. 우리는 협상 테이블에서 만장일치로, 자동으로, 추호의 의심이 없이 합의했다. 나는 원자폭탄을 투하하지 말아야 한다고 한마디라도 제안하는 사람을 보지 못했다.

그때 가공할만한 핵무기를 얼마나 낙관적이고 또 긍정적인 것으로 보고 있었는지 잘 나타납니다. 하지만 일본에 원자탄을 투하한 일은 지나친 것이었습니다. 세간에 알려진 바와 달리 일본이 결사항전 의지로 버틴 것은 아니며, 이 시기엔 재래식 폭격만으로도 일본은 이미 처절하게 파괴되어 싸울 의지는 물론이고 방법도 남아있지 않았습니다. 그러나 원자탄은 8월 6일 히로시마와 8월 8일 나가사키에 결국 투하되고 말았고, 일본은 참혹한 피해를 보았습니다.

엄청난 파괴와 죽음을 불러왔던 핵폭탄의 피해 규모는 정확한 집계가 어렵고, 장기간의 추가 피해가 발생해 통계들이 제각각입니다. 다음

	히로시마	나가사키
폭발력	15Kt(킬로톤)	20Kt
파괴면적(제곱마일당)	4.7	1.6
사망자 수	7만~8만 명	3만 5,000~4만 명
부상자 수	7만 명	4만 명

의 표는 트루먼 대통령의 지시로 1946년 미국의 전략폭격조사단이 집계한 1945년 12월까지의 통계입니다. 하지만 방사성 노출은 시간이 지날수록 엄청난 후유증을 일으키기에 피해는 훨씬 더 많이 늘어났을 것입니다. 심지어 원폭 피해의 후유증은 2세까지 이어져 암, 면역 결핍, 지적장애, 괴사 등 다양한 중증질환을 앓게 됩니다.

제2차 세계대전 이후 각국은 핵무기의 엄청난 위력에 대해 한편으로는 공포를 느끼면서, 다른 한편으로는 개발하려는 경쟁에 나서는 양면적인 모습을 보였습니다. 특히 동서냉전의 영향으로 미국과 소련은 재래식 무기는 물론이고 핵무기경쟁에 온 힘을 쏟았습니다. 각국의 과학자들은 훨씬 더 강력한 폭탄을 개발하려고 했고 미국은 1952년에 태평양에서 수소폭탄 실험에 성공하였습니다. 제2차 세계대전 동안 연합군이 투하한 폭탄의 총 무게가 350만 t(톤)이었고 화력은 3.5Mt(메가톤)이었습니다. 그런데 이는 중형 수소폭탄 한 개의 위력에도 미치지 못하므로 핵무기의 위력이 얼마나 가공한지 짐작할 수 있습니다. 소련도 1949년 카자흐스탄의 광야에서 원자폭탄 첫 실험에 성공했으며, 1953년 미국보다 불과 1년 늦게 수소폭탄 실험을 했습니다. 영국은 1952년, 프랑스는 1960년 그리고 중

국이 1964년에 뒤를 이었습니다.

핵을 비밀리에 개발 관리하는 탓에 정확한 통계는 어렵지만, 가장 권위 있다고 여겨지는 스톡홀름국제평화연구소가 2015년 초에 발표한 조사에 따르면 현재 핵보유국은 9개 국가로서 미국, 러시아, 중국, 영국, 프랑스, 인도, 파키스탄, 이스라엘 그리고 북한입니다. 전체 핵무기 숫자는 1만 5,850개 정도로 추산되고 있으며, 이 중 4,300개는 당장 작동 가능하고, 또 그중 1,800개는 실전 배치되어 있다고 합니다. 지금까지 행한 핵

실험만도 2,000번이 넘는다고 합니다. 냉전이 극성이었던 1980년대에 총 5만~6만 개의 탄두까지 갔었던 것과 비교하면 냉전 이후 긴장완화 무드와 미국과 러시아의 감축노력으로 감소추세이기는 하지만, 그런데도 여전히 지구를 수십 번 파괴하고도 남을 양입니다.

핵무기에 대해 긍정적으로 바라보는 시각과 부정적으로 바라보는 시각이 있습니다. 파괴적인 핵무기를 누가 긍정적으로 볼 것이냐고 생각할 수도 있지만, 핵무기의 공멸적 파괴 가능성으로 오히려 재래식 전쟁을 막을 수 있다고 보기 때문입니다. 앞에서도 설명한 적이 있듯이 이를 두고 '공포의 균형에 의한 억지'라고 부릅니다. 핵무기의 긍정적 이미지는 제2차 세계대전을 단 두 방으로 끝냈다는 믿음에도 기인합니다. 또한 비용대비 엄청난 위력으로 오히려 약소국들이 핵을 개발함으로써 강대국의 위협에 맞설 수 있다는 것도 이런 시각을 반영하는데, 이는 북한이나 파키스탄의 핵 개발 논리이기도 합니다. 핵무기에 대한 긍정적 시각은 한 발짝 더 나아가 제한 핵전쟁도 가능하다고 믿습니다. 즉 적의 군대를 향해 소형의 전술핵을 실제로 사용하는 것을

한국인 원폭피해자 특별법 제정을 촉구하는 1인 시위 모습. 한국인 원폭피해자는 1945년 8월 6일과 9일 일본 히로시마와 나가사키에 원자폭탄이 투하될 당시 강제징용, 이주 등으로 일본에 거주하다 피폭당했다. 한국은 세계에서 원폭 피해자가 두 번째로 많은 나라이다.

말하는데, 핵무기의 특성상 민간인들의 피해를 막을 수는 없으나 기본적으로 제한 핵전쟁은 적군을 공격하는 것에 한정할 수 있다고 믿습니다.

하지만 핵무기에 대해서는 부정적 시각이 훨씬 더 강합니다. 핵무기는 어떤 상황에도 무익하며, 냉전기에 공포의 균형으로 미국과 소련의 전쟁을 방지하는데 일정 부분 역할을 했다고 하더라도 핵무기를 머리에 이고 평화를 가질 수는 없다는 논리입니다. 또한 제한 핵전쟁이 목표하는 적군만 공격하는 것은 불가능하며 결국 민간인들에게 엄청난 비극을 가져다주리라는 것은 이미 일본의 사례가 증명했다는 것입니다. 또한, 제한 핵전쟁은 또한 대형 핵무기의 다량사용으로 적국 전체를 괴멸시키기 위한 전면적인 핵전쟁으로 갈 가능성이 매우 크다는 것입니다.

생화학전쟁

통제가 어려운
무기

생화학전쟁이란 독극물 같은 화학 물질이나 세균 같은 생물학적 수단을 사용하는 전쟁을 말합니다. 이들 무기는 앞에서 설명한 핵무기와 함께 한 번에 많은 생명을 살상할 수 있기에 대량살상 무기 WMD, Weapons of Mass Destruction 로 분류됩니다. 먼저 생물학적 무기는 세균이나 바이러스로 만든 무기입니다. 대개 잠복기가 짧고 전염력이 강하며 치사율이 높은 매개수단을 씁니다. 또한 세균전은 병원 시설이나 공장 몇 개를 가동해 생

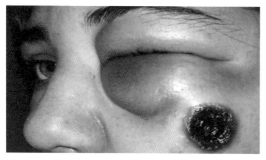

산할 수 있어서 비용이 적게 듭니다. 세균으로는 병원균에서 추출해서 사용하는데 독소로는 보톡스 시술에 미량 사용되는 보툴리눔 그리고 바이러스로는 천연두, 콜레라, 에볼라, 탄저균 등이 많이 사용됩니다. 군사학적으로 보면 세균무기는 건물이나 시설에 대한 파괴 없이 인명만 살상하기에 점령 지역을 확보하여 활용할 수 있는 이점이 있는 무기다. 하지만 반대로 생물무기는 적은 양으로도 엄청난 피해로 확산할 수 있고, 통제하기 어렵기에 적군은 물론이고 아군과 민간인들도 대규모 피해를 볼 수 있습니다.

한편 화학전은 위장하기 위한 연막탄이나 최루탄 같은 것도 포함되기는 하지만, 주로 독가스라고 불리는 화학물질을 사용해 인명을 살상합니다. 신경가스를 통해 신경계통을 마비시키거나 눈이 멀게 하는 것 그리고 피부나 장기에 중화상을 일으켜 질식 상태로 만들기도 합니다. 강한 유독성 물질로 마시거나 피부에 닿으면 사망하거나 합병증을 포함한 심각한 장애를 일으킵니다. 토양에 흡수된 이후에도 쉽게 사라지지 않아 지하수로 피해가 일어날 수 있는데, 베트남에서 밀림에 숨어든 게릴라를 잡는다는 명목으로 미군이 대량 살포했던 고엽제도 여기에 포함됩니다. 최초로 화학전이 시도된 것은 제1차 세계대전입니다. 당시 독일군은 잇따라 독가스를 선보였으며, 연합국도 모방했습니다. 1918년에는 양측이 대량의 독가스를 사용했습니다. 화학전에 대한 세계적인 반감이 커지자 무기는 불법화되었습니다. 독일은 포기하지 않고 제2차 세계대전 때 훨씬 독성이 강하고 치명적인 사린이나 VX라는 신경가스를 개발했습니다. 그러나 한 번도 실전에서 사용한 적은 없었습니다. 화학무기도 생물무기처럼 제조도 쉬운 편이고 비용도 적게 들지만, 마찬가지로 통제가 어렵고 양쪽 군사와 민간인에게 피해가 퍼질 가능성이 매우 큽니다.

전 세계적으로 생화학무기 제조를 금지·제한하고 있습니다. 1975년 생물무기금지협약BWC, Biological Weapons Convention과 1997년에는 화학무기금지협약CWC, Chemical Weapons Convention이 발효되었습니다. 그러나 미국을 포함하여 많은 국가가 방어 및 연구·분석용이라는 이름으로 개발을 멈추지 않고 있습니다. 특히 미국은 일본의 731부대의 실험결과를 넘겨받아 한국전쟁 당시 북한과 중국을 대상으로 생물학전을 한 적이 있다는 의심을 사왔으며, 최근에는 탄저균을 한국 몰래 들여와 실험했다는 의심을 받고 있습니다.

생화학전과 731부대

731부대는 제2차 세계대전 당시 일본 관동군 소속으로 세균전을 연구하고 개발하기 위해 중국의 하얼빈에 주둔시켰던 비밀부대이다. 1936년 일제의 만주 침공 때 처음 설립됐고 1945년까지 생체 해부 실험과 냉동실험, 독가스실험 등 치명적인 생체실험을 자행하며 생화학무기 개발에 주력했다. 생체실험 대상자를 가리키는 통나무라는 뜻의 '마루타'는 한국인, 중국인, 만주인, 몽고인, 러시아인 등 전쟁포로로 적게는 3,000명 많게는 1만 5,000명으로 추정된다. 당시 많은 조선인이 마루타로 희생되었지만 철저한 증거 인멸로 신원이 확인된 것은 현재까지 두 명뿐이다. 일본은 개발만 한 것이 아니라 실전에도 사용했다. 1937년 상하이에서 최루성 독가스 사용을 시작으로 종전 때까지 무려 1,600회 이상 사용했고, 이 독가스탄으로 사망한 사람은 57만 명에 이른다. 731부대 존재에 대해 모르쇠로 일관하던 일본 정부는 최근 그 존재를 인정하기 했지만 정보 공개에는 머뭇거리고 있다.

 자신의 논리 쌓기

1. 최근 국제법은 국가 안에서 벌어지는 내란도 전쟁에 포함하고 있습니다. 이렇게 바뀐 까닭은 무엇일까요?

2. 테러에 대한 응징으로 전쟁을 일으키는 악순환을 경계해야 하는 이유는 무엇입니까?

3. 핵무기의 긍정적인 면과 부정적인 면을 설명하세요.

4. 영국의 권위 있는 군사·무기 전문 「제인연감」에 의하면 지구촌에 탄저균 등 생물무기를 보유했거나 보유하고 있을 의심이 되는 국가는 스무 나라가 넘습니다. 러시아, 미국, 북한, 일본, 중국 등 여러 정부에서 탄저균을 비축하는 것에 대해 어떻게 생각합니까?

제 6 장

우리의 전쟁

우리 땅에서 일어난 전쟁의 어제와 오늘

이 장에서는 우리나라 전쟁의 역사를 살펴봅니다. 구한말의 19세기 조선을 방문했던 미국의 동양학자 그리피스는 우리를 두고 '중국과 일본이라는 맷돌 사이에 끼어있는 기름진 곡물'이라 표현했습니다. 회오리치는 국제 정세 속에서 우리는 어떤 삶을 살아왔을까요?

전쟁 위기

한 반 도 에 반 복 되 는
전 쟁 의 위 기

💬 "25일 오전 4시쯤 북한군이 전차부대를 앞세워 38°선을 넘어 침공을 개시해 25일 밤에는 이미 서울 북방 40km 지점의 포천까지 진출했으며 오후 7시 30분 현재 그곳 경찰서, 창고 등이 불타고 있다. 한국 측은 북한의 90여 대 전차 중 10대를 격파했으나 25일 북한 공군기가 포항 상공까지 날아왔으며 선박 편으로 포항 지구에 상륙했다." **(아사히신문 1950년 6월 26일 자)**

"1994년 3월 19일 특사교환을 위한 8차 실무접촉에서 남쪽 수석대표인 송영대 통일원 차관이 "전쟁을 선포하는 거요?"라고 묻자 "당신이 먼저 전쟁을 선포했잖아. 서울은 여기서 멀지 않아. 전쟁이 나면 서울도 불바다가 될 거요. 송 선생도 무사하기 힘들 거요."라고 북쪽 수석대표인 박영수 조평통 부국장이 답했다. **(1994년 3월 19일 KBS 9시 뉴스)**

북한 군부는 화요일 전군에 최고 수준의 비상경계령을 발동하면서 남한은 물론이고, 미국 본토와 하와이, 괌의 군사시설을 공격할 준비를 완료하라는 명령을 하달했다. 북한군 총사령관의 이러한 위협은 한국 정부의 박근혜 대통령이 북한이 사는 길은 오직 핵무기와 미사일, 도발위협을 포기뿐이라고 경고한 직후에 나왔다. 북한군 당국자는 조선중앙통신을 통해 "우리의 첫 공격이 시작되는 순간 모든 것이 잿더미와 불더미 속으로 사라질 것을 명심해야 할 것이다."라고 위협했다. **(뉴욕타임스 2013년 3월 26일 자)**

위에서 소개한 세 가지 뉴스는 한반도의 과거와 현실을 생생하게 보여줍니다. 첫 번째 기사는 1950년 한국전쟁의 시작을 알리는 기사이며, 두 번째는 1994년에 있었던 북한 핵위기에 관한 기사입니다. 1993년 북한이 국제원자력기구IAEA의 추가 핵사찰을 피하고자 핵확산금지조약NPT을 탈퇴한 뒤 전쟁 직전으로까지 치닫고 있던 시점이었습니다. 그리고 세 번째 기사는 북한의 2012년 말 장거리로켓 발사실험과 2013년 2월 핵실험으로 촉발된 위기에 대한 기사입니다. 당시 북한 김정은 국방위원장은 극단적인 표현을 사용하며 한국과 미국에 대해 핵무기사용을 포함한 위협을 했

위_2007년부터 본격적으로 가동한 개성공단에는 북측 근로자 5만 4,000여 명이 고용돼 일했었음
아래_ 정부종합청사 앞에서 개성공단 정상화, 남북관계 개선 민간교류 보장, 6.15민족공동행사 불허 규탄 집회(2016. 6. 11.)

고, 이에 맞대응해 미국은 한국에 스텔스전투기와 전략폭격기 등 첨단무기를 급파하면서 위기가 고조되었습니다.

비슷한 상황은 2016년 초에도 재현되었습니다. 북한이 핵실험과 로켓 발사 실험을 강행했고, 이에 미국은 전략 무기를 한반도에 보냈으며, 박근혜 정부는 대북 강경책을 선언하면서 개성공단까지 폐쇄했습니다.

우리
역사 속의
전쟁

역설적인 상황

프랑스 철학자 미셸 푸코가 모든 사회에는 전쟁의 흔적이 남아있다고 했지만, 우리 역사만큼 그 흔적이 많은 경우는 드물 것입니다. 역사학자 방기철 교수의 조사에 따르면, 기원전 2,000년부터 따진다면 지금까지 우리는 약 931회 이상의 외침을 받았으며, 전쟁 기간만 따져도 230년이 넘습니다. 3국 시대의 전쟁, 삼별초의 항쟁, 한국전쟁 등 동족 간 전쟁도 이와 비슷하게 240여 년에 이릅니다. 특히 1950년 발발했던 한국전쟁은 이후 한국 사회의 모든 분야에 큰 흔적을 남겼습니다. 독재와 군사쿠데타에 영향을 미쳤고, 인권문제를 일으키고, 남북한의 긴장과 대결구조를 만들었으며, 국제관계에까지 절대적인 영향을 미치고 있습니다.

한반도를 두고 지정학적 저주라고 부릅니다. 두 차례의 세계대전의 원인이 되었으며, 탈냉전으로 넘어가던 중에 유고슬라비아 내전을 겪었던 발칸반도와 함께 '세계 2대 지정학적 저주'라는 것입니다.

지정학은 지리학과 국제정치학을 합친 말로 지리적인 위치와 관계가 정치, 경제 및 국제정치에 미치는 영향을 연구하는 학문입니다. 한국은 대륙국가인 중국과 해양국가인 일본이나 미국 사이에 있어 문명과 무역이 오가는 통로 노릇도 했지만, 어느 한쪽의 세력 팽창 시점에서 가장 먼저 점령 대상이 되기 쉬웠습니다. 고대 한나라의 고조선 침략, 수와 당의 고구려 침공, 거란과 원의 고려 침공 그리고 청과 몽골의 조선 침략 등이 그랬습니다. 일본 역시 16세기 말 두 차례나 침공했습니다. 구한말 제국주의 국가들 또한 한반도를 두고 영토 경쟁에 골몰하면서 청일전쟁과 러일전쟁이 발발했고, 결국 한반도는 일본 제국주의의 식민지가 되었습니다.

구한말의 19세기 조선을 방문했던 미국의 동양학자 그리피스는 우리를 두고 '중국과 일본이라는 맷돌 사이에 끼어있는 기름진 곡물'이라는 표현을 쓰기도 했습니다.

제2차 세계대전 종전으로 독립한 뒤에도 한반도는 냉전의 소용돌이에 빠져들면서 한국전쟁과 민족분단을 겪어왔습니다. 그리고 아직도 분단은 해소되지 않은 채 남북이 대치하고 있습니다.

이런 외침外侵의 역사를 보는 시각은 갈라집니다. 한편에서는 이를 열강의 동네북으로 살아온 약소국의 설움이자 치욕으로 생각합니다. 이런 식의 인식은 곧 오늘날에도 끊임없는 안보 불안감으로 이어지면서 군비 강화를 강조합니다. 다른 견해를 말하는 사람들도 있는데, 우리 민족은 원래 평화를 사랑하는 민족이며, 우리가 전쟁을 일으켜서 남에게 손해를 입힌 일이 없다는 것입니다. 또한 수많은 외침에도 멸망하지 않고 5,000년 역사를 이어온 끈질긴 민족이라는 긍지를 품어야 한다고 주장합니다. 이 두 견해에 대해서 하나만 배타적으로

황산대첩비명 탑본. 고려 말의 신흥 무장 이성계(뒷날의 조선 태조)가 전라도 운봉의 황산에서 왜구를 크게 물리친 일을 기념하여 조선 선조 때에 세운 승전비의 탑본

선택할 문제는 아닙니다. 그리고 두 견해 모두 수정이 필요합니다.

먼저 전자의 견해는 지나치게 수동적이고 자학적인 역사관으로 발전할 수 있습니다. 소위 항상 고래 싸움에 등 터지는 새우라는 인식을 형성해

왔고, 지금 현재도 미국, 중국, 러시아, 일본이라는 초강대국에 둘러싸여 이들 패권 경쟁에 화를 입을까 전전긍긍하고 있습니다. 한반도가 예로부터 지정학적인 특성상 강대국의 빈번한 침략을 당한 것은 사실이지만, 그렇다고 해서 전적으로 당하기만 했던 것은 아닙니다. 고구려는 오랫동안 동북아의 패권적 지위를 누렸고, 이후에도 국방을 튼튼히 하며 중국과 비교해도 훨씬 더 안정적인 왕조를 길게 이어갔습니다. 우리 민족사에는 주로 정복전쟁보다 외적의 침입을 막는 방어전이 훨씬 더 많았던 것은 사실이지만, 그러나 이를 극복하고 오랜 역사를 이어온 데 대한 평가도 해야 합니다. 그리고 현재 비록 분단의 아픈 현실이 해결되지 않았으나, 민주화와 산업화에 성공해 종합국력 10위에 이른 국력을 갖추고 있습니다. 그러므로 더는 자학적 '새우' 역사관을 가지고 안보 공포와 함께 강대국 미국에 전적으로 의존하는 것은 바람직하지 않습니다.

두 번째의 긍정적 견해도 수정이 필요합니다. 앞에서 지적한 바처럼 우리는 주로 외적의 침입에 대한 방어전이 많았고, 이웃 국가를 침략한 전쟁은 많지 않았으며, 특히 처음부터 침략할 의사로 대군을 일으킨 전쟁이 드물었던 점은 사실입니다. 그러나 우리가 역사적으로 외침을 받기만 했고, 전혀 외침을 하지 않았다는 것은 사실과 다릅니다. 우리 민족도 필요하면 무력을 통해 정복도 했고, 정벌전쟁도 했습니다.

우리가 잘 아는 광개토대왕은 최고의 정복자였습니다. 고려와 조선 시대에는 왜구를 정벌하기 위해 여러 차례 쓰시마 섬을 치기도 했습니다. 또한 세종대왕은 여진족을 공격해 북방의 경계를 확장했으며, 세조와 성종 때에도 명과 연합하여 여진족을 정벌하였습니다. 20세기에 와서는 물론 미국의 요청 때문이지만 베트남전쟁에 파병하였으며, 1991년 걸프전쟁 당시 군사비를 지원하고 의료진과 수송기 등을 파견했습니다. 그 이후에도 유엔 평화유지군의 역할로 파병했으며, 아프간과 이라크전쟁 당시 역시 공병이나 의료진 그리고 수송부대를 꾸준히 보내왔습니다.

따라서 우리가 역사상 단 한 번도 다른 나라를 침략하지 않았다는 주장은 사실이 아닙니다. 이 견해는 지나친 이상주의적 평화론이 아닐 수 없습니다. 전쟁은 분명히 가능한 피해야 하지만, 그렇다고 전쟁을 전혀 대비하지 않기는 어렵습니다. 게다가 우리는 지금도 지구 상에서 유일한 분단국가입니다. 이런 현실에 이상주의적 평화만을 고집하는 것은 위험합니다.

과거부터 지금까지 세계사의 추세에서 벌어지는 전쟁에서 벗어나 우리만의 안정과 평화를 유지해온 것도 아니므로 우리의 평화적 의사만으로 전쟁을 외면할 수는 없습니다. 그런데도 다시 강조하지만 전쟁의 불안을 먹이 삼고, 강대국의 전쟁에 동원되는 것을 자랑할 수는 없습니다. 폭력을 정당화하고 한 민족뿐 아니라 온 인류를 파멸시킬 수 있는 전쟁의 위험에 대해서는 끊임없이 경계해야 합니다. 우리는 역설 속에 살고 있습니다.

한국 역사의 주요 전쟁

회오리치는 국제 정세

기록으로 확인되는 우리 민족사에서 처음으로 큰 영향을 미친 전쟁은 기원전 109년에 일어난 고조선과 중국 한나라 사이의 전쟁입니다. 고조선은 대제국을 이룬 한나라의 침략에 맞서 몇 개의 전투에서 승리하고, 상당 기간 저항했지만, 전체적인 국력의 열세를 극복할 수는 없었습니다. 게다가 내부 분열까지 겹치면서 평양성이 함락되면서 멸망하였습니다. 기원전 108년 한나라는 고조선을 멸망시키고, 낙랑, 임둔, 현토, 진번

이라는 4군을 설치해 옛 고조선 땅을 지배하려 했습니다. 하지만 고조선 땅 모두가 한나라의 지배 아래 있었던 것은 아니었으며, 한나라의 손이 뻗치지 않는 곳에서는 나름대로 독립적인 소국들이 세워졌습니다. 물론 어느 쪽에도 속하지 못하고 한나라의 압제에 시달리거나, 유랑하던 딱한 처지의 유민도 많았습니다. 이들 부족국가 중 하나인 고구려는 고조선의 후예로서 분열된 국가를 통일하고, 흩어진 유민을 구하겠다는 목표를 세우고, 강력한 철기 문화를 바탕으로 부족들을 하나하나 정복하면서 땅을 넓혀갔습니다. 처음에 이들이 자리 잡은 곳은, 높은 산과 계곡이 많고 평지가 적은 땅이었습니다. 그래서 더욱더 기름진 땅이 필요했으며, 이를 정복전쟁으로 획득해갔습니다. 그 시작은 바로 주몽이라는 인물에서 비롯합니다.

주몽은 고구려를 건국한 영웅이며, 고구려는 시간이 갈수록 군사 강국으로 부상해 한반도와 주변 동북아시아를 호령했습니다. 한국이 늘 침략만 당했던 민족이 아니라는 가장 큰 방증도 고구려입니다. 결국 한나라가 배치한 점령군이었던 4군도 고구려가 밀어냈습니다. 고구려는 당시 1만여 명의 전문군사집단을 양성하고 왕을 중심으로 한 강력한 중앙집권을 이뤄 주위 국가들을 제압할 수 있었습니다. 고구려 벽화에 나오듯 고도의 철 제련 기술이 있던 고구려는 '개마무사'라는 최강의 철갑기병대로 특히 위력을 떨쳤습니다. 이렇게 고구려는 우리 역사에 보기 드문 군사 강국이었고, 주변국을 전쟁으로 정복하며 영토를 넓혀간 나라였습니다. 당시 고구려는 동북아의 중심의 패권국이었으며, 수나라와 그 뒤를 이은 당나라까지 고구려를 두려워할 정도였기에 오랫동안 안정을 누렸습니다.

수나라와 고구려, 과연 누가 변방이었을까?

중국 본토를 최초로 통일한 수나라의 황제는 당시 동북아의 최강패권인 고구려를 치지 않을 수 없었다. 고구려를 정복하지 않고는 진정한 통일이라고 보지 않았던 것이다. 이를 테면 수나라의 고구려 침공은 강대국의 약소국 침략이 아니라 당시 패권에 대한 신흥강국의 도전이었다. 사실 수나라가 고구려를 여러 차례 침공하기 전인 서기 598년, 신흥강국으로 부상하던 수나라를 시험하려고 고구려가 1만 대군의 정예군으로 선제침략을 했다. 이렇게 볼 때 중국 본토가 중원의 중심이라는 중화사상과 당시 중국의 침략규모 때문에 마치 강대국의 약소국 정복전쟁인 것처럼 인식되었지만 잘못된 역사 해석이다. 또한 뒤에 수나라가 고구려를 치려고 동원령을 내린 상비군만 100만이 넘었고, 보급부대까지 합하면 500만이라는 기록도 있다. 중국 역사상 이런 대군을 모아 전쟁을 치른 예는 그전에도 없고, 그 뒤에도 없다. 이러한 침략을 4차례 반복한 결과 국고는 고갈될 수밖에 없었다. 수나라가 중원통일에 만족하지 못하고 나라가 망할 정도로 고구려 침략에 집착한 것은 바로 이전까지 동북아의 중심이 고구려였으며, 수나라는 변방의 도전국가였기 때문이다.

고구려와의 전쟁으로 수나라가 통일왕국 28년 만에 멸망했지만, 고구려도 여러 차례 전쟁으로 힘이 쇠약해지는 바람에 결국 신라와 당나라의 연합국에 멸망했고, 뒤에 신라가 삼국을 통일하게 됩니다. 삼국시대는 우리 민족사에서 가장 전쟁이 빈번했던 시기였습니다. 고구려와 중국 그리고 북방의 다른 민족과도 충돌이 많았고, 일본과의 충돌도 여러 차례 있

한국의 전쟁은 곧 수성전쟁

고구려와 달리 고려의 중심 전력은 기병이 아니라 주로 보병이었으며, 북방의 침략을 성을 짓고 지키는 수성전쟁이 대부분이었다. 거란의 침략을 막고 대승을 거둔 강감찬의 전략도 이것이다.

조선의 전쟁도 마찬가지였다. 국경의 전 지역에 걸쳐 성을 쌓고 대규모 외침에 대비한 방어선을 만들었다. 하지만 이런 전략은 큰 약점이 되어, 기동력을 살려 국경을 지나쳐 곧바로 수도를 공격한 몽골이나 청나라 그리고 바다를 통해 쳐들어온 일본군에게는 수도가 함락되는 지경까지 이르렀다.

었습니다. 그리고 삼국을 포함하여 가야까지 민족 내부의 전쟁도 끊이지 않고 벌어졌습니다.

삼국통일 이후 오랫동안 전쟁의 빈도가 많이 줄어들게 되었습니다. 완전한 통일이 아니라 발해와 양립할 때도 그랬으며, 신라가 멸망하고 고려로 접어든 뒤에도 전쟁은 삼국시대만큼은 발발하지 않았고 소강상태가 지속되었습니다. 고려가 이전 국가들과 달리 전쟁보다 외교에 능한 국가였다는 점도 정세 안정에 큰 역할을 했습니다. 하지만 그렇다고 해서 고려가 전쟁의 파고에서 완전히 벗어났다는 뜻은 아닙니다. 고려 이전에는 상대적으로 우리가 침략전쟁을 일으킨 때도 잦았지만 고려 이후에는 왜구나 여진족 등에 대한 수차례 정벌이 있었던 것을 제외하고는 대부분 방어전으로 치러졌습니다. 아마도 우리 민족이 평화를 사랑하는 민족이고, 주로 외적의 손해를 입어왔다는 식의 인식은 고려 이후부터의 역사에서 나온 것이라고 추정됩니다.

아무튼 고려 역시 시간이 갈수록 북방민족의 침략을 당하면서 큰 전쟁을 겪었습니다. 대부분 중국이 자국의 정치적 목적을 위해 침략했습니다. 거란족, 여진족, 홍건적의 침략도 있었지만, 몽골과의 전쟁이 가장 심대한 영향을 끼쳤습니다.

조선 시대에 들어오면 전쟁이 다시 줄어들어 상당한 기간 평화의 시대를 이어갑니다. 여진족과 왜구의 침입이 있었지만 국가 전체에 위협을 줄 만한 전쟁은 아니었습니다. 그러나 조선 중기에 겪게 되는 임진왜란과 병자호란은 국가의 운명을 풍전등화로 몰고 간 참혹한 전쟁이었습니다. 작은 부족국가로 나뉜 일본을 통일한 도요토미 히데요시라는 사무라이는 세계로 눈을 돌려 다른 나라를 정복하기로 마음먹었는데, 첫 대상이 바로 조선이었습니다.

■■■■ 현자총통(1596년 제작). 총통은 화약을 이용하여 화살이나 탄환을 발사하는 조선의 무기로, 임진왜란 주요 해전에서 이 화포가 크게 활용되었다고 추정

1592년 일본은 조총을 비롯한 신무기로 무장하고 20만이 넘는 대군을 이끌고 쳐들어 왔습니다. 준비 없이 갑자기 당한 조선은 속절없이 무너졌습니다. 일본군은 엄청난 속도로 수도인 한성까지 진

격해왔고, 선조는 궁을 버리고 신의주까지 피난을 갔습니다. 초기에 절대적으로 불리하던 전쟁은 시간이 갈수록 달라졌습니다. 곽재우, 조헌 등이 이끄는 의병 활동의 확대로 일본군의 식량과 무기 등을 실어 나르는 통로를 막고, 빼앗겼던 땅을 되찾았습니다. 그리고 결정적으로 바다에서 이순신 장군이 해전 23번에 모두 승리하면서 전세를 뒤집었습니다. 명나라의 원병까지 합류했고, 결국 도요토미의 갑작스러운 사망으로 일본은 한반도에서 물러갑니다.

임진왜란(조일전쟁)은 멸망 직전까지 갔던 나라의 운명을 온 나라가 힘을 합해 막아낸 전쟁이었지만, 전쟁의 상처는 깊고 참혹했습니다. 당파싸움으로 국제 정세에도 어둡고, 국방의 의무를 게을리한 왕과 귀족 탓에 금수강산이 피로 물들었습니다. 침략전쟁에서 가장 큰 피해를 본 이는 역시나 일반 민중이었습니다. 일본과 전쟁하려고 국가는 식량을 수탈하고, 무차별 징병을 했으며, 수많은 생명이 희생되었습니다. 일본은 물러갔으나 백성의 피와 손실에는 아무런 보상도 없었습니다. 그리고 이런 비극은 한 번으로 끝나지 않았습니다. 일본이 재침략을 했으며, 또 그 뒤에는 병자호란이 일어났습니다.

임진왜란 당시 명나라 원군이 전쟁을 끝내는 데 어느 정도 공헌이 있다고 할지라도 조선이 중심이 된 전쟁이 아니라 명의 의도와 이익에 끌려다닌 결과 많은 후유증을 남겼습니다. 선조의 왕위를 이어받은 광해군은 연산군과 함께 조선의 왕 중에 폭군에 속하는 왕이었지만 외교에서만큼은 매우 뛰어났습니다. 임진왜란을 수습하는 과정에서 중국에서 명나라와 청나라의 치열한 경쟁 사이에서 어느 한쪽 편을 들지 않고 중립을 잘

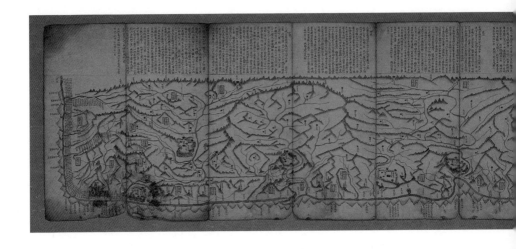

지켜 화를 면했지만, 광해군을 몰아내고 왕이 된 인조는 중립외교를 중단하고 명나라를 선택했습니다. 하지만 당시 명나라가 지는 해라면 청나라는 뜨는 해였음에도 조선은 이를 무시하고 명을 선택하는 오판을 저질렀습니다. 결국 이것이 화근이 되어 정묘호란과 병자호란이라는 두 번에 걸친 청의 침략을 받게 되었고 결국 항복의 치욕을 당합니다.

일본과 중국의 연이은 침략과 조선 내부의 당파싸움 등으로 국력은 계속 나빠졌습니다. 물론 병자호란의 위기를 수습해 향후 200여 년 동안 어느 정도 안정기를 보내지만, 그것은 우리가 잘했기보다는 중국을 중심으로 한 전체 국제 정세의 안정에 힘입은 바가 큽니다.

19세기 이후에는 서구와 일본 제국주의 시대를 맞게 되었고 조선은 그 질서 안으로 빨려들어 갔습니다. 국력이 약해진 조선은 세계가 어떻게 돌아가는지 전혀 대비하지 못한 채 제국주의가 본격화되면서 열강의 먹잇

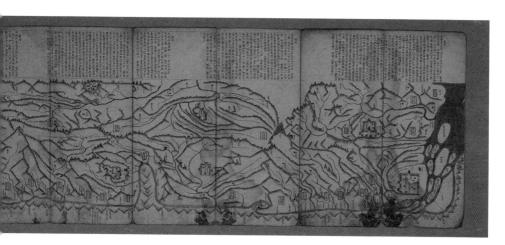

감이 됩니다. 19세기 말 청나라, 일본, 러시아 그리고 미국 사이에서 휘둘리다가 일본에 나라를 빼앗기는 지경까지 몰립니다.

프랑스에 의한 병인양요, 미국에 의한 신미양요는 물론이고 1876년 군사력을 앞세운 일본의 강제적 개항은 전쟁에 패한 것과 다름없었습니다. 구한말 한반도는 비록 우리가 주체가 된 전쟁은 없었지만 결국 강대국 간의 전쟁이 벌어졌고, 그 과정에서 우리의 의사와 관계없이 나라를 잃었습니다.

제3장에서 소개한 대로 이때 이미 세계는 강력한 국민군대에 의한 총력전의 양상으로 진입했습니다. 하지만 우리는 아직 의병전이나 농민전쟁 같은 비정규전 정도만 겨우 수행할 정도의 군사력이었습니다. 다가오는 엄청난 변화를 감당하지 못하고 국가 주권을 잃어버렸던 것입니다.

사무라이에 대한 오해와 진실

일본 사람들의 사무라이에 대한 자부심과 존경은 대단하다. 무사계급은 오늘날 더 이상 없지만 사무라이 정신에 대한 향수는 엄청나다. 그러나 과거 일본의 사무라이 계급은 전체의 7% 정도이고, 나머지 93%는 노예처럼 살면서 사무라이 계급을 섬겨야 했다. 사무라이로 유명했던 에도막부시대를 지배했던 자가 바로 임진왜란을 일으켰던 도쿠가와 이에야스다. 평민의 자식으로 사무라이계급에 오른 그는 자기 이후에는 어떤 신분상승을 금지시키고 특권을 유지한다. 수백의 처첩을 거느린 호화생활을 하면서 전쟁까지 일으킨 악인이다. 사무라이는 백성을 가르친다는 명목으로 목을 칠 수 있는 권리까지 주었다. 사무라이는 자기보다 높은 사람에게는 비굴하고 아부했지만, 자기보다 낮은 백성에게는 잔인했다. 기분 나쁘게 했다는 이유로 죽이기도 했으며, 이익을 위해 배신도 밥 먹듯이 했다. 충성과 무사도를 상징하고, 일본인들이 그렇게 가치 있게 여기고 있는 사무라이 정신의 진짜 모습이다. 결국 그들이 원하는 것은 강한 자가 되어 폭력을 마음껏 휘두르겠다는 것이었다. 남경대학살, 736부대, 전시戰時 성노예제 등의 범죄를 저지르고도 반성하지 않는 폭력적 일본의 얼굴이다.

한국전쟁

동족상잔의 비극

1945년 미국이 원자폭탄을 떨어뜨리자 일본은 항복했고, 제2차 세계대전은 마침내 끝이 났습니다. 그 결과 우리는 일본의 식민지 지배에서 벗어나게 되었지만 미국과 소련이 한반도를 반으로 갈라 아래쪽은 미국이, 위쪽은 소련이 점령했습니다. 한반도에서 일본군을 몰아낸다는 구실을 내세웠지만, 미국의 자본주의와 소련의 사회주의의 대결마당이 되었습니다. 결국 1950년 6월 25일 북한은 소련의 힘을 빌려 기습적으로 전쟁을 일으켰습니다. 한국전쟁은 같은 민족끼리 벌인 동족상잔의 내전인 동시에 미국과 소련, 중국을 포함하여 유엔 회원 16개국이 참여했던 국제전이었습니다. 또한 남한과 북한은 총력전이자 전면전이었던 반면, 미국, 중국, 소련에는 제한전쟁이었다고 볼 수 있습니다. 이 때문에 제2차 대전 뒤 동서진영으로 분열되어 체제경쟁을 벌이던 미소 양대 강국의 전쟁을 대신한 대리전쟁으로도 불렸습니다.

한국전쟁의 원인을 찾기 위해선 전쟁 전 상황을 알아야 합니다. 한국은 상해임시정부를 중심으로 일제에 항거했지만, 연합군의 결정적 도움으로 해방되었습니다. 그런데 프랑스의 망명정부는 전후처리에 있어서 주요 행위자로 인정을 받았지만, 한국의 임시정부는 전후처리 과정에서 철저히 주변으로 밀려났고, 미국과 소련이 한반도에 남아있는 일본군의 무장해제를 시킨다는 명분으로 38선을 중심으로 분할 점령하였습니다. 이것이 민족분단이라는 비극의 출발점이 되었습니다. 미국과 소련은 군정을 실시하면서 우리의 국가 건설을 자기가 원하는 대로 밀고 나갔습니다. 점점 확실해지는 미소 냉전대결에서 자기 체제의 우월성을 증명하기 위한 시범사례로 삼았으며, 동시에 각자 영향력 아래 두면서 군사 전략적인 교두보를 마련하고자 했습니다.

우리 내부의 책임도 없지 않았습니다. 어려운 상황이었지만 민족이 단결하여 미소의 정책에 어떻게든 저항하여 남북이 통합하여 국가를 건설해야 했습니다. 하지만 오히려 권력을 차지하려고 미국과 소련 세력에 편승하면서 더욱 분열되었습니다.

결국 1948년 남쪽은 대한민국, 북쪽은 조선민주주의인민공화국이라는 이질적인 정권이 수립되었습니다. 남쪽은 이승만 정권이 미국을 의지하며 통치했지만 혼란한 국내 정세가 좀처럼 진정되지 않았습니다. 반면에 북한은 분열이 전혀 없지는 않았지만 남한보다 안정세를 유지할 수 있었습니다. 게다가 1949년 중국이 공산화되자 북한 권력층은 큰 자신감을 얻고 남침계획을 구체화했습니다.

한국전쟁의 원인을 살피려면 미국과 소련의 당시 상황도 고려해야 합니다. 그때 미국 일각에서는 소련이 미국과 유럽을 대상으로 제3차 세계대전을 일으킬 것이라고 주장했지만, 소련은 전혀 그럴만한 상황이 아니었습니다. 소련은 제2차 세계대전의 최대 피해국으로서 3,000만에 달하는 사망자와 함께, 국가 전체 부의 4분의 1이 날아갔으며, 1,700개의 도시가 파괴됐습니다. 이런 처지에서 당시 세계 총생산량의 절반 이상을 차지한 최강 미국을 대상으로 전쟁을 일으킨다는 것은 전혀 현실성이 없습니다.

반면 미국은 제2차 세계대전으로 입은 피해가 거의 없었습니다. 물론 종전 이후 군비를 줄이려는 노력도 했고, 점령군도 철수했습니다. 주한미군 역시 1949년 6월에 철수시켰습니다. 남북의 불안한 대치상황에서 미군의 철수는 북한의 남침을 부추길 수 있었을 것입니다. 미국 역사학자와 정치학자 일부는 미국이 의도적으로 군을 철수해 한국전쟁을 유도했다고 주장하기도 합니다.

한국전쟁의 원인과 발발의 책임에 관해 여러 주장이 있지만, 북한 김일성이 소련을 부추겨 일어났다는 것이 가장 폭넓게 받아들여집니다.

다만 미국도 한국전쟁에 대한 책임을 면할 수는 없다는 점은 분명합니다. 역대 미국의 대통령을 포함해 어떤 고위인사도 1950년 한국전쟁을 분단의 시작점으로 삼지, 1945년 미소 분할점령이나 3년간의 군정은 절대로 언급하지 않습니다. 한미관계는 한국전쟁에서 미국이 엄청난 피를 흘려 공산화의 위협에서 한국을 구했다는 관점에서만 출발합니다. 미국이 한국전쟁 발발 이후에 구원의 손길을 내밀었지만, 그 비극에 대한 원초적 책임 중 일부는 미국에 있다는 점은 부인하기 어렵습니다.

한국전쟁은 1950년 6월 25일에 발발해서 1953년 7월 27일 휴전협정에 서명하기까지 3년 남짓 계속되었습니다. 한반도 전체는 잿더미로 변했고 수많은 인명피해와 이산가족을 만들었습니다. 더욱이 남북의 군대가 서로 정복과 탈환을 주고받으면서 민간인들까지 학살하는 비극적인 일이 벌어졌습니다.

한국전쟁은 크게 4단계로 나눠볼 수 있습니다. 제1단계는 전쟁의 시작부터 서울을 탈환하는 9월 28일까지입니다. 개전 초 북한은 기습공격이 성공을 거두어 순식간에 서울을 함락하고, 낙동강 지역까지 밀고 내려갔지만, 맥아더 장군이 인천 상륙작전을 펼쳐 서울을 회복했습니다. 제2단계는 유엔군이 38선을 넘어 압록강까지 진격한 총공세 기간입니다. 그리고 제3단계는 10월 25일 대규모 중공군의 참전으로 서울을 빼앗기고 1·4후퇴를 하는 시기입니다. 유엔군이 압록강까지 밀고 올라오자 중국은 위협을 느꼈고, 중국 공산화 투쟁에서 도움을 주었던 북한에 빚을 갚기 위해 대규모 병력을 보냈습니다. 마지막 4단계는 38선을 두고 양측이 공방을 지속했던 지루하고 고통스러운 전투 기간입니다. 1951년 초부터 휴전협정이 체결되는 53년 7월까지 장장 2년 동안 공방전이 지속되었습니다. 휴전협정이 시작되면서 체결되기 전에 조금이라도 유리한 위치를 차지하기 위한 것이었는데 그사이 너무도 많은 젊은이가 목숨을 잃었습니다. 영화 「고지전」은 이런 반복되는 소모전의 비극과 참상을 실감 나게 보여준 바 있습니다.

　남한이 적화통일이 될 수도 있었던 절대적 위기 상황까지 몰렸던 것을 고려하면, 그래도 다행스러운 결과지만 전쟁의 상처는 너무나 깊었습니다. 남북한을 합쳐 250만이 죽거나 실종되었고, 다친 사람까지 합치면 당시 남북 총인구의 6분의 1에 달하는 500만 명이 전쟁의 직접적인 손해를 입었습니다. 또한 1,000만이 넘는 이산가족이 발생했습니다. 물적 피해도 엄청났습니다. 전쟁 직전과 비교하면 공업의 60%와 농업의 80%가 감소하였습니다. 모든 것이 잿더미가 되었다는 표현이 정확합니다. 게다가 한 민족이 둘로 나뉘어 언제 다시 전쟁이 터질지 모르는 불안이 현재 이 순간까지 계속되고 있습니다.

분단과
정전체제

탈냉전의 바다를
떠도는
냉전의 섬

역설적인 것은 전쟁과 분단이 남북한 정권을 안정시켰습니다. 상대방을 철천지원수로 삼아 내부를 단결시킨 것입니다. 전쟁을 일으키고 결국 실패한 김일성은 책임은커녕 오히려 정적들을 숙청하면서 독재를 강화했습니다. 남한의 이승만도 북을 악마화하고 안보 공포를 부추기면서 독재정치를 이어갔습니다. 수많은 생명을 잃게 하고, 막대한 재산상 피해를 본 전쟁에 대해 책임지는 권력은 없었으며, 그것은 미국이나 소련도 마찬가지였습니다.

한국전쟁은 결국 도돌이표였습니다. 해방 뒤 미소가 마음대로 그어버린 38선이 조금 바뀌어 서쪽은 북한이 38선 아래로 조금 내려왔고, 동쪽은 남한이 38선 위로 조금 올라갔습니다. (이 때문에 강원도 고성에 가면 김일성의 옛 별장이 있음) 한국전쟁은 많은 역사가의 평가대로 근대를 마감하고 현대로 넘어가는 길목에서 한국 사회의 수많은 모순이 한꺼번에 폭발한 전쟁이었습니다. 일제 잔재와 일제 청산에 대한 의견대립, 좌파와 우파의 이념대립, 미소 냉전체제의 대리전쟁 그리고 국내정치 세력들의 권력투쟁이 터져버린 것입니다.

그러나 어느 것 하나 해결된 것이 아니라 분열과 갈등은 지속되었습니다. 한국전쟁은 국제냉전을 더 강화하였으며 분단구조는 고착되었습니다. 총성은 일단 멈추었으나 이념 전쟁과 민족 간의 분열과 다툼은 우리의 정치, 사회, 문화 모든 분야에서 수많은 왜곡과 비극을 초래해왔습니다.

1980년대 후반 사회주의가 붕괴해 국제질서는 변했지만, 그 뒤로도 한반도의 분단은 사반세기를 넘고 있습니다. 전 세계의 이념분쟁은 종식되었지만, 이 땅에는 여전히 분단이 계속되고 있기에, 사람들은 한반도를 '탈냉전의 바다를 떠도는 냉전의 섬'이라고 부릅니다.

한국전쟁을 두고 많은 사람은 아직도 끝나지 않은 전쟁이라고 합니다. 전쟁을 잠시 쉬자는 휴전협정에 의한 정전체제가 이어지고 있기 때문입니다. 정전체제 63년은 세계 역사상 유례가 없는 기형적인 현상입니다. 전쟁이 끝나면 한 국가가 다른 국가에 병합되거나, 평화조약체제로 이행하는 것이 보통인데, 한국전쟁은 세계전쟁사 중 가장 긴 시간 동안 전쟁도 평화도 아닌 휴전 상태를 유지하고 있는 것입니다. 아무리 오래되었다고 해도 정전체제는 엄격하게 말하자면 전쟁 상태입니다. 이것이 통일은 둘째 치고 정전체제의 불안정성을 명확하게 인식하고 평화체제로 변경해야 하는 가장 큰 이유가 됩니다.

비무장 지대의 역설

공동경비구역
JSA

💬 2000년에 개봉한 영화 「공동경비구역 JSA」는 현재 우리 민족이 처한 상황의 이중성을 잘 표현한 영화입니다. 1997년에 발표된 박상연의 원작소설 『DMZ』를 박찬욱 감독이 영화로 만들었습니다. 579만 관객은 당시 엄청난 흥행몰이였으며, 최고 권위의 청룡영화상 작품상과 감독상을 비롯한 화려한 수상경력을 자랑합니다.

원작자 박상연은 인터뷰에서 직접 병사들을 취재한 뒤 일어날 만한 일을 썼다고 합니다. 그런데 묘하게도 유사한 사건이 소설 출간 다음 해인 1998년에 판문점에서 실제로 일어났습니다. 남한 경비 초소의 장교인 김훈 중위의 의문사는 나중에 자살로 결론이 났지만 풀리지 않은 점이 적지 않았습니다.

그리고 영화에서처럼 김훈 중위 사망 사건의 수사 과정에서 JSA 내에 근무하는 남한 병사들이 북한 경비병들과 수시로 접촉했으며 편지와 선물 등을 교환해왔다는 사실이 드러났습니다. 아무리 남북이 탈냉전과 해빙기라 해도 당시 이 사건의 충격은 적지 않았습니다. 이 때문에 1년 전에 출판된 소설이 갑자기 조명을 받았고 1년 10개월 뒤에 개봉된 영화도

공동경비구역 Joint Security Area

영화의 제목이자 주 무대로 등장하는 공동경비구역은 1954년 11월 8일 유엔과 북한의 협정에 따라 만들어졌다. 군사분계선 위에 세워진 회담장을 중심으로 해서 지름 800m 의 원형지대로 양측이 당시 남북 4km의 비무장지대 내의 군사정전위 본부 지역을 설정 하면서 그 안에 공동경비구역을 두기로 합의했다. 우리가 흔히 판문점이라고 부르는 곳 이다. 이곳은 1976년까지 군사분계선이 없어서 양측의 경비병과 기자가 자유롭게 통행 할 수 있었다. 그런데 1976년 8월 18일 북한군에 의한 도끼 만행사건 이후 양측 군인의 충돌방지를 위해 군사분계선을 표시하고 양측이 나누어 경비하게 되었다. 이곳에는 유엔 측과 북한 측이 각각 6개 초소를 운영하며 경비병을 항시 투입하고 있다.

큰 인기를 끌었습니다. 영화 내용이 사실과 얼마나 일치하는지 확인할 길은 없습니다. 그러나 영화 전반에 흐르는 핵심 주제이기도 한 오늘날 분단 현실의 이중성은 구체적인 이야기의 사실 여부를 떠나 많은 생각을 하게 만듭니다.

영화 속 남북의 병사들이 서로 총구를 겨누는 최전방에서 우정을 나누고 그것이 사람들에게 감동을 준 것은 탈냉전이라는 시대의 변화가 아니었다면 불가능했을 것입니다. 그들은 지속적인 만남으로 상대를 이해하게 되고, 또 좋아하게 됩니다. 한 병사가 "전쟁 나면 정말로 우리도 싸워야 해?"라고 묻는 장면 그리고 서로 주소를 나누고 헤어짐을 아쉬워하는 장면 등은 남과 북의 이산가족이 만났다가 헤어지는 장면을 연상하게 했습니다. 그러나 영화는 결국 비극으로 끝나면서, 남북관계의 현실적 한계도 분명하게 보여줍니다. 시대가 변했다지만, 그 변화조차도 찰나의 오해로 서로 죽이는 비극은 막지 못했던 것입니다. 우연히 등장한 북한군 군관 탓에 서로 사귀던 공간은 총격의 공간으로 변하고 맙니다. 그 뒤에도 조사 과정에서 죄책감을 이기지 못하고 자살하는 병사들의 모습은 모두 우리가 몸담고 살아가는 한반도의 자화상이었습니다.

비무장지대를 영어 약자로는 DMZ^{Demilitarized Zone}라고 부르는데, 무력 충돌을 방지하거나 국제적인 교통로를 확보하기 위하여 설치했습니다. 제1차 세계대전이 끝난 뒤 독일의 전쟁책임을 묻고, 전쟁재발을 막기 위해 라인란트 비무장지대를 설치하였습니다. 한반도의 비무장지대는 휴전협정 조인 당시 쌍방 군대의 경계인 군사분계선을 중심으로 남북으로 각각 2km씩 4km의 비무장 지역을 지정했습니다.

DMZ, 판문점

하지만 이 비무장지대 역시 역설을 품고 있습니다. 비극적 동족상잔의 전쟁을 겪은 뒤 재충돌을 방지하기 위해 비무장을 약속한 지역이 비무장 은커녕 전 세계에서 가장 중무장한 곳이 되었습니다. 이곳은 1차적으로 전쟁 예방의 공간, 더 나아가 평화의 공간이 되어야 합니다. 영화에서처 럼 남북 병사가 서로 이해하고 사귀는 장이 되어야 합니다. 그러나 현실 은 이 공존과 평화의 지역에서 한 발의 의도하지 않은, 또는 실수에 의한 총성에도 하릴없이 전쟁터로 변할 수 있습니다.

원래 각각 2Km던 거리도 현재는 양측이 간격을 당겨서, 구간에 따라 다르지만 대략 500m~1Km로 좁아졌습니다. 그리고 비무장지대는 협정 준수가 생명이지만, 남북한 모두 위반해왔습니다. 비무장지대에서는 새로이 군대의 주둔이나 무기의 배치, 군사시설의 설치가 금지되며, 이미 설치된 군대와 관련 시설은 철수 또는 철거해야 합니다. 하지만 남북한 모두 감시초소를 세우고, 중화기로 무장하고 있으며, 수시로 수색대를 파견합니다.

 자신의 논리 쌓기

1. 망명정부 자유 프랑스는 승전국으로 인정받고, 대한민국 임시정부는 승전국이 되지 못했습니다. 그러한 까닭은 무엇인가요?

2. 승전국으로 인정받지 못하면 독립군의 희생은 무의미한가요?

3. 한국전쟁이 끝난 뒤에도 휴전 상태가 이어지는 이유를 생각해봅시다.

제 7 장

전쟁은 피할 수 있는가?

평화적 수단을 통해서만
가능한 평화

한반도의 위기가 고조되고 있습니다. 자신이 바라는 삶이 평화
롭고 행복한 것이라면, 아무리 어렵더라도 전쟁을 방지하는 데
최선을 다해야 합니다. 왜냐하면 전쟁은 단순한 적과의 싸움이
아니라 적군이든 아군이든 우리의 삶 자체를 송두리째 파괴하
기 때문입니다.

전쟁은 단순히 적과의 싸움이 아니다

운명의 날 시계

 모든 것이 산산이 무너진다!

더 이상은 중심을 잡을 수 없다

그저 혼돈만이 세상 위로 쏟아진다

피로 물든 조수가 밀려든다

세상 곳곳에서

순수한 의식은 익사한다

가장 선한 자들은 신념을 잃고

가장 악한 자들은 흥분에 차있다.

_윌리엄 예이츠의 시, 「재림」 중 일부

아일랜드의 시인 윌리엄 예이츠가 제1차 세계대전이 끝난 뒤 전쟁의 참상을 가슴 아파하며 쓴 시입니다. 인류의 역사는 곧 전쟁의 역사라는 말을 부인하기는 쉽지 않습니다. 앞에서 인용했던 EBS 지식채널 e에서 방영된 다큐멘터리 「크리스마스 휴전」에 나온 내용을 다시 볼까요? 서기 전 3000년 전부터 서기 1950년까지 약 5,000년 동안 무려 1만 4,500건의 전쟁이 있었다고 합니다. 92%는 전쟁 중이었고 단지 8%만 평화 기간이었습니다. 특히 20세기는 인류 문명이 최고조에 달했고, 평화에 대한 열망도 컸지만, 비극적인 전쟁이 연이어 일어났습니다. 매슈 화이트는 『20세기 역사지도』에서 20세기에 전쟁으로 사망한 사람은 모두 2억 300만 명에 이른다고 했습니다. 이쯤 되면 전쟁은 인류의 숙명이며, 따라서 인류가 사라지기 전에는 절대로 멈출 수 없겠다는 생각이 들 수도 있습니다.

하지만 전쟁을 인류의 숙명으로 받아들이면 전쟁을 당연시하거나 정당화시킬 위험이 있습니다. 인류 역사에서 늘 있었던 전쟁을 갑자기 부정한다고 해서 평화가 자동으로 확보되는 것은 아니지만, 전쟁을 운명인 양 저항 없이 받아들이는 것은 전혀 다른 차원입니다. 우리가 바라는 삶이 평화롭고 행복한 것이라면, 아무리 어렵더라도 전쟁을 방지하는 데 최선을 다해야 합니다. 왜냐하면 전쟁은 단순한 적과의 싸움이 아니라 적군이든 아군이든 우리의 삶 자체를 송두리째 파괴하기 때문입니다. 내가

한국전쟁 당시 참전병 모습

사랑하는 사람들과 아름다운 자연을 파괴하는 일입니다. 승리하고 돌아온 군인이라 해도 그들의 머릿속에는 부인할 수 없는 살인과 파괴의 기억이 남아있습니다. 평화를 위해 전쟁이 존재하고, 명분을 위해 적을 죽인다고 하지만 그것은 불행한 일입니다.

이 책은 처음부터 일관되게 전쟁의 다양성과 복잡성 그리고 인간에 내재한 운명적이고 구조적인 특성이라는 점에 일부 동의했지만, 그렇다고 해서 전쟁을 필요하다거나 필연적이라는 주장에 동의하지 않았습니다. 반대로 전쟁은 비극이며, 피할 수 있는 한 끝까지 피해야 한다고 말해왔습니다. "존경을 담은 살인도, 온화한 파괴도 없다. 전쟁을 끝내는 것을 제외하고 전쟁에 좋은 것이란 존재하지 않는다."는 에이브러햄 링컨의 말에 전적으로 동의합니다.

전쟁이 멋있다고 볼 사람은 많지 않겠지만, 만약 그렇게 여기는 사람이 있다면 이는 결코 바른 생각이 아닙니다. 한국전쟁의 참상을 겪어본 우리나라는 물론이고, 지금도 전쟁을 겪고 있는 나라의 국민에게는 그건 그냥 지옥입니다. 전쟁은 또한 군인의 전유물이라 생각하기 쉽지만 그건 아

■■■■■ 제4회 세계군축행동의 날(Global Day of Action on Military Spending, GDAMS) 캠페인 "전 세계 군사비 5%만 있으면 전 세계 빈곤퇴치 끝!"

닙니다. 군인의 전투가 전쟁의 중심이기는 하지만, 전쟁은 온 국민이 함께 치르는 총체적 고통의 소용돌이 같은 것입니다. 총성이 울리고 포탄이 날아다니는 실제 전쟁도 우리의 삶을 망가뜨리지만, 전쟁이 실제로 일어나지는 않는다 하더라도 전쟁의 위협 속에서 전전긍긍하면 사는 것도 비극입니다. 오늘날 세계는 매일 45억 불이라는 군사비를 사용하고 있는데, 전 세계 군사비의 5%만 있다면 전 세계의 빈곤을 퇴치할 수 있습니다.

우리가 매일 사용하는 일반시계와는 다른 전쟁과 깊은 관계를 맺은 특별한 시계가 있는데, '운명의 날 시계Doomsday Clock'라고 부릅니다. 이 시계는 1947년 핵 과학자들이 핵 위협을 경고하기 위해 고안한 시계입니다. 이 시계가 12시 정각을 가리키면 곧 인류의 종말이 온다는 뜻입니다. 일반 시계와는 다르게 시간이 거꾸로 갈 수도 있습니다. 즉 전쟁위협이 줄어들면 시곗바늘은 12시, 즉 종말에 멀어져 거꾸로 가는 것입니다. 역사상 12시에 가장 가까이 갔던 때가 바로 1953년 소련이 미국에 이어 수소폭탄 실험을 했던 때로, 11시 58분을 가리켰습니다. 소련이 붕괴하고 냉전이 끝났던 1991년에는 11시 43분까지 후퇴한 적도 있습니다. 그러다가 9·11테러가 일어나면서 11시 53분, 2007년 1월에는 11시 55분까지 갔는데 이유로 지구온난화와 함께 북한의 핵실험 성공도 있었습니다. 그리고 2016년에는 통제되지 않은 기후변화와 북한의 핵실험, 핵 감축 노력의 지지부진 등이 겹쳐 다시 11시 57분이 되었습니다. 그동안의 시간 변화는 아래 그림을 보면 알 수 있습니다.

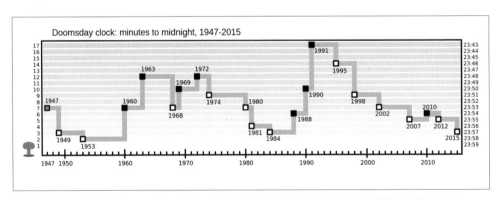

운명의 날 시계(Doomsday Clock), 인류에게 핵 위협을 경고하려고 미국 시카고대학에서 처음으로 고안한 시계. 2016년 1월 26일 자정 3분 전으로 유지한 것이 마지막이다.

전쟁이
게임?

전쟁은 공멸

오늘날 우리는 전쟁을 어떻게 바라보고 있을까? 전쟁은 예로부터 강한 남성의 상징처럼 여겨져 왔고 승리를 향한 맹목적 사고들이 지배해 왔습니다. 그런 분위기는 지금도 크게 달라지지 않았습니다. 강하게 무장된 국가는 국민을 보장할 수 있고, 가능하다면 세계패권을 차지하고, 필요하다면 전쟁을 통해 영토도 확장해야 한다는 사고가 존재합니다. 또 북한이 도발을 일삼을 때 일부에서는 '이럴 바에는 한판 붙어보자.'라는 식으로 얘기하기도 합니다.

하지만 그들은 자신들이 무슨 말을 하고 있는지 심각성을 깨닫지 못합니다. 전쟁은 화풀이 대상이 아니고, 승리한다고 해도 깔끔하게 끝나는 경우는 거의 없습니다. 그것은 강대국과 약소국 사이 전쟁도 마찬가지입니다. 미국조차도 베트남, 아프간, 이라크와 전쟁하면서 뼈아프게 경험했습니다. 전쟁의 결과는 승자와 패자 모두에게 비극이자 고통입니다. 더욱이 엄청난 살상이 가능한 현대무기의 특성상 전쟁은 공멸을 가져옵니다.

전쟁을 겪고 지금도 분단된 한반도 특성상 군사주의가 평화주의를 쉽게 이깁니다. 안보제일주의의 가장 상징적인 퍼포먼스 중 하나는 아마도 군사 퍼레이드일 것입니다. 세계 무기수입 1위 국가답게(?) 서울 한복판에서 군대가 한 치의 오차도 없이 일렬로 행진하고, 전투기가 하늘로 솟구치며, 탱크, 장갑차, 미사일 등 강력한 살상무기가 거리를 굴러가는 것을 전혀 어색해하지 않습니다.

▄▄▄▶ 장난감 탱크

군사주의문화는 어린이나 청소년에게도 나타납니다. 예나 지금이나 장난감 중에 가장 인기 있는 것은 무기입니다. 또한 전쟁 기념하려고 전쟁박물관을 만듭니다. 어린이의 시선을 끄는 것은 탱크와 장갑차, 전투기 들이고, 전쟁의 참상이나 비극에는 별로 비중을 두지 않습니다. 한편 안전사고 위험이 있는데도 군사훈련을 모방한 여름캠프로 아이들이 몰립니다. 군사문화는 학교나 회사에도 침투해서 매우 폭력적인 문화를 만들어냅니다.

한편 컴퓨터게임도 잔인하고 폭력적인 전쟁물이 많아집니다. 첨단무기를 동원해서 상대방을 죽이고, 화면 위로 사지가 찢어지고, 피가 사방으로 튑니다. 폭발의 굉음과 비명도 끊이지 않습니다. 폭력적일수록 더욱 전율이 넘친다고 하고, 파괴적일수록 스트레스가 풀린다며 인기를 끕니다. 범죄 심리학자들은 이런 폭력적 게임과 실제 범죄 또는 전쟁이 연관성이 있다고 주장합니다. 폭력적인 게임을 하다가 현실에서 유사한 범죄를 저지르는 경우도 실제로 발생하고 있습니다.

예를 들면, 세계적으로 청소년 범죄가 벌어질 때면 단골손님격으로 거론되고 있는 게임 중 하나가 '록스타 게임즈'의 'GTA'며 실제로 미국 미네소타 주 레드레이크 고등학교에서 16세 학생이 5명의 학생과 교사, 경비원 등 모두 9명을 살해한 뒤 자신도 자살한 사건은 'GTA: 샌 안드레아스'를 떠올리게 한다는 분석도 있습니다. 또한 일부에서는 최근 이슬람 무장테러리스트 IS에 자발적으로 가입하는 세계 곳곳의 청소년이 있는데 이들은 소위 게임에 빠져 게임과 현실을 구별하지 못하는 소위 '밀리터리 덕후'라고 주장합니다.

게임과 실제 폭력과의 연관성을 부인하는 목소리도 강합니다. 심지어 어떤 사람은 진짜로 전쟁하는 대신 게임을 함으로써 실제 전쟁을 줄일 수 있다고 주장합니다. 즉, 잠재된 폭력성을 게임으로 발산하고 나면 현실에서의 폭력성이 줄어든다는 논리입니다. 여기에는 그럴듯한 근거가 있습니다. 바로 장기나 체스가 전쟁과 관련 있는 게임이라는 것입니다.

체스는 1500년 전 인도의 한 왕국에서 승려였던 시사가 최초로 만들었다고 합니다. 그는 평화를 사랑했기에 왕과 장군들이 항상 전쟁을 벌이는 모습을 지켜보기가 너무도 괴로웠습니다. 그래서 끔찍한 전쟁을 대신할 놀이를 찾아보던 중에 우연히 성문 근처에서 보초들이 교대하는 모습을 보고 체스를 구상했습니다.

시사는 말판을 만들고 기병과 장수, 왕, 성벽, 전차 들을 만들어 편을 가르고 서로 대결하는 방식의 체스게임을 만들었던 것입니다. 체스판에서는 패배한다고 해도 죽을 리는 없고,

■■■ 체스판과 말

또 다른 게임을 하면 되는 것이었습니다. 시사는 체스게임을 왕에게 선물로 바쳤는데, 처음에는 못마땅하게 여기던 왕도 점점 빠져들었다고 합니다. 체스라는 말의 어원은 페르시아어로 왕을 뜻하는 샤Schach에서 유래되었다고도 합니다. 어쩌면 체스는 전쟁놀이를 게임으로 만들었지만, 요즘 게임처럼 폭력성도 없애면서 재미도 만든 두 마리 토끼를 잡았다고 할 수 있습니다.

컴퓨터게임과 전쟁의 연관성 문제는 여전히 논란거리인데, 여기서 어느

한쪽을 지지할 생각은 없습니다. 물론 견문을 넓혀야 할 청소년이 아무리 가상현실이라고 해도 너무 많은 폭력에 노출되는 것은 좋지 않을 것입니다. 그러나 게임이 모든 전쟁의 유일한 원인은 아닙니다. 만약에 그랬다면, 게임 산업이 있기 전에는 전쟁이 없었어야 맞을 것입니다. 반대로 체스를 둠으로써 전쟁을 대신했다거나, 컴퓨터게임 속의 폭력을 통해 스트레스를 해소하면 현실에서는 오히려 폭력과 전쟁을 오히려 줄일 수 있다고 주장하는 것도 마찬가지로 너무 단순한 결론입니다.

그러나 여기서 말하고자 하는 더 심각하고 중요한 것은 전쟁을 긍정적으로 보는 시각과 문화에 대한 우려입니다. 전쟁에서의 승리 외에는 모든 것이 무시되는 문화에 대한 비판을 제기하는 것입니다. 안보라는 이름으로 국민을 공포로 몰아넣고, 닥치는 대로 무기를 사고, 대화보다 '강 대 강'의 대결구도로 달려가는 군사주의를 반대합니다. 전쟁을 당연하게 여기거나 심지어 게임 정도로 보고 승리자의 입장에서만 얘기하는 문화는 변해야 합니다. 체스게임에서 승부가 나면 승자와 패자가 서로 감정은 다르겠지만 그래도 서로 간의 악수가 남습니다. 그러나 전쟁의 끝자리엔 인명 살상과 재산파괴만이 남습니다. 컴퓨터게임 속의 파괴와 죽음은 리셋 Reset할 수 있지만, 현실에서는 불가능한 일입니다.

전쟁은 전혀 멋지지 않습니다. 과거의 전쟁영화나 소설은 전쟁을 멋지게 그리기도 하지만, 비극과 참상도 같이 보여주는 경우가 많습니다. 하지만 요즘 컴퓨터게임은 사연도 이유도 없이 적으로 정해진 대상을 죽이고 파괴만을 목적으로 합니다. 전쟁이 재미있다는 생각을 심어줌으로써 전쟁이 가져다주는 엄청난 비극에 대해 점점 무뎌지게 만듭니다. 많은 사람이 텔레비전에서 전쟁의 폭격장면이나 건물파괴 장면이 나오면 공포와 안타까움이 아니라 "게임 같다."라고 말하는 것은 좀 문제가 있습니다. 전쟁의 실상을 알게 되면 영화나 게임처럼 생각할 수가 없을 것입니다.

전쟁과 외교

탈 냉 전 시 대 의 국 제 관 계

💬 　전쟁에 관해 동서양을 대표하는 이들이 손자와 클라우제비츠입니다. 이 두 사람은 전쟁에 관해서 정반대 의견을 내놓았습니다. 클라우제비츠는 '전쟁은 또 다른 수단의 외교'이며, 목적을 위해 군대를 사용하는 것이 정당하다고 생각했습니다. 즉 군대를 보내서 상대 국가를 확실하게 파괴하여 완전히 힘을 잃어버리게 해야 한다고 주장했습니다. 또한 "적의 힘을 파괴하는 것은 언제나 가장 최상의 효과적인 수단이며, 이 수단 외

에 다른 수단은 없어도 된다."라고까지 했습니다. 이것은 단순히 클라우제비츠 한 사람만의 의견이라기보다는 서양의 보편적인 생각이기도 합니다.

이에 반해서 『손자병법』의 저자인 손자는 적을 완전히 파괴하지 않고서 이기는 것이 가장 좋다고 주장합니다. 그의 책은 "전쟁에서 적국을 온전히 둔 채로 굴복시키는 것이 최고이고, 전쟁을 일으켜 적국을 파괴하고 굴복시키는 것은 그다음이다."라고 썼습니다. 싸우지 않고 상대를 이기는 것이 가장 좋은 전술이라고 말한 손자가 심성이 아주 착해서 전쟁을 무조건 하지 말라는 것은 아니었습니다. 그는 전쟁해서 적군을 파괴하더라도 아군 역시 큰 피해를 본다는 것을 강조했습니다. 전쟁에서 승부를 가장 중요시했던 서구보다 훨씬 전쟁 자체뿐 아니라 전쟁의 전과 뒤에 초래될 결과에 대해서도 주목했던 동양사상의 특징이 담겨있습니다.

죽간 손자병법(복사본)

중국의 유명한 군사전략서 중 하나인 『사마법』은 "나라가 강하다고 해도 전쟁을 좋아하면 반드시 망하며, 나라가 평안하다고 해도 전쟁을 잊으면 반드시 위험에 처한다."라고 적혀있습니다. 아무리 강한 국가라고 하더라도 전쟁을 일삼으면 망하는 사례는 인류 역사 속에 많이 있습니다.

강한 군대의 상징과도 같았던 스파르타도 아테네와의 전쟁에 승리했지만, 전쟁 이후 점점 약해져 결국 망했습니다. 과거 몽골의 칭기즈칸이나 프랑스의 나폴레옹도 그랬습니다. 청일전쟁과 러일전쟁에 자신감을 얻은 일본도 계속 전쟁을 일으키다 결국 미국을 비롯한 세계연합군에게 져서 패망했습니다. 히틀러의 독일도 마찬가지였습니다. 제2차 세계대전 이후에도 마찬가지입니다. 미국은 베트남에서 수십 년간 전쟁하면서 수많은 젊은이의 아까운 생명을 희생시켰으며, 전쟁하느라 너무 많은 돈을 써서 경제는 매우 나빠졌습니다. 1979년에는 당시 또 다른 강대국인 소련이 아프가니스탄을 침공했는데, 결과는 월남전의 미국과 비슷했으며, 얼마 뒤 체제가 붕괴했습니다.

제1·2차 세계대전 이전까지만 해도 전쟁이 국가 간 문제를 해결하는 효과적 수단으로 어느 정도 인식되었던 것은 사실입니다. 그러나 제2차 세계대전이 끝난 뒤에는 전쟁으로 해결하는 일이 비극적이고 어리석은 일이라는 생각이 널리 퍼졌고, 따라서 문제를 평화적으로 해결하자는 주장이 점점 힘을 얻었습니다. 외교가 전쟁을 해결하는 대안으로 떠오른 것입니다. 외교는 싸우지 않고 승리하는 최고의 길입니다. 전쟁이라는 수단으로 국가의 목적을 이루려는 것은 그만큼 외교를 제대로 못 한다는 뜻이기도 합니다.

제1차 세계대전 당시 프랑스를 이끈 정치가 조르주 클레망소는 정치나 외교에 대해 많은 명언을 남긴 것으로도 유명한데, 그중에도 가장 유명한 것은 "전쟁은 군인에게 맡겨놓기엔 너무나도 심각한 문제다. 전투는 군인이 하는 것이지만, 전쟁은 외교관이 하는 것이다."였습니다.

사람들은 20세기 말 냉전이 붕괴하는 것을 보고 이제는 전쟁 없는 평화의 시대가 오리라고 기대했습니다. 민주화와 세계화의 물결까지 더해지면서 새천년, 즉 뉴 밀레니엄은 영구적 평화를 이룩할 절호의 기회로 여겼습니다. 그런데 그 꿈과 기대가 사라지는 데는 많은 시간이 걸리지 않았습니다. 세계대전 같은 대규모 전쟁은 일어나지 않았지만, 반대로 지역분쟁과 종족분쟁 그리고 내전은 더욱 빈번해졌습니다. 이 때문에 오히려 팽팽한 두 힘이 맞서는 긴장이 역설적인 안정감을 주었던 냉전보다 탈냉전이 훨씬 더 반평화적이라고 주장하는 사람들도 있습니다.

외교가
전쟁을
막을 수
있을까?

사대주의와
사소주의

앞에서 소개했던 클라우제비츠(1780~1831)는 프로이센 출신의 천재적인 군인이자 전쟁론의 대가였습니다. 그가 쓴 『전쟁론』은 지금까지도 전쟁에 대한 최고의 고전으로 손꼽힙니다. 그는 나폴레옹전쟁 당시 프로이센의 군인으로 전쟁에 참여했습니다. 한번은 프랑스군에게 패해서 열 달간 포로로 잡혔다가 풀려나기도 했습니다. 앞에서 소개한 "전쟁은 또다른 수단의 외교"라는 말 외에도 "외교는 말로 하는 전쟁이고 전쟁은 총

클라우제비츠

으로 하는 외교"라고도 했습니다. 그는 뼛속까지 철두철미한 군인이었으며, 전쟁을 정당화하는 이론을 발전시켰으며, 독일이 제1·2차 세계대전을 일으키는 데 큰 영향을 끼친 호전주의자로 욕먹기도 합니다. 그의 『전쟁론』이 전쟁하는 방법에 관한 책이며, 전쟁에서의 공격과 방어에 관해 상세하게 다룬 책인 것은 분명합니다.

그러나 클라우제비츠는 원래 의도보다 더 큰 비난을 받는 것도 사실입니다. 책의 다른 곳에서 전쟁이 가지는 폭력적인 면에 대한 경고를 잊지 않고 있습니다. 특히 "전쟁은 나쁜 인간을 없애기보다 오히려 더 많이 만들어낸다."라고 하면서 전쟁이 문제 해결방법이 될 수는 없다는 주장도 했습니다. 전쟁이 불가피하다고 봤지만 그런데도 전쟁이 늘 이성적이거나 합리적이라고 보지는 않았다는 말입니다.

전쟁이 인류의 숙명이라 여긴다면 전쟁을 막기 위해 가장 필요한 것이 외교라는 말이 좀 궁색해집니다. 그만큼 전쟁은 흔하고, 외교로 전쟁을 막은 예를 쉽게 찾아보기 어려운 것이 사실입니다.

그런데도 외교는 전쟁을 막는 아주 중요한 방법이 틀림없습니다. 외교는 폭력적인 방법을 쓰지 않고 자기가 원하는 바를 얻는 기술입니다. 하지만 동시에 국가가 힘이 있느냐 없느냐에 따라 외교의 모습은 달라질 수

밖에 없는 것도 현실입니다.

미국 국무장관을 지냈던 조지 슐츠는 힘을 동반하지 않는 외교는 열매가 없지만, 마찬가지로 외교를 동반하지 않는 힘은 지속력이 없다고 말한 적이 있는데 귀 기울여볼 만합니다.

외교는 다른 나라, 특히 이웃 나라와 잘 지내는 것이라고 했습니다. 옛날 중국의 제나라에 선황이라는 사람이 어떻게 하면 외교를 잘할지 맹자에게 물었습니다. "이웃 나라와 잘 지내고 싶은데 어떻게 하면 되겠습니까?" 하고 묻자 맹자가 대답합니다.

> "착한 임금은 작은 나라를 섬길 줄 압니다. 은나라의 탕왕은 작은 나라인 갈나라를 섬겼고, 주나라의 문왕도 미개한 민족인 곤이를 섬겼습니다. 큰 나라의 임금이면서도 작은 나라를 힘으로 누르지 않고 품어주었습니다. 자기를 낮추어 작은 나라를 섬겼으므로 탕왕과 문왕은 훌륭한 임금으로 존경받고 있습니다.
> 마찬가지로 지혜로운 임금은 또한 작은 나라로서 큰 나라를 섬길 줄 아는 왕입니다. 월나라의 구천은 원수이자 강한 나라인 오나라의 부차를 섬겼습니다. 큰 나라의 압박을 견디면서, 나라의 안전을 지키고자 충돌을 피했고, 상대방을 잘 섬겼으므로 구천은 지혜로운 임금으로 일컬어집니다.
> 큰 나라로서 작은 나라를 섬기는 것은 하늘의 도리를 따르는 것이며, 작은 나라로서 큰 나라를 섬기는 것은 하늘의 도리를 두려워하는 것입니다.

하늘의 도리를 따르는 사람은 천하를 지켜 천자가 될 수 있으며, 하늘의 도리를 두려워하는 사람은 강대국의 침략을 예방하고 제후의 자리를 지킬 수 있습니다."

글에서는 섬긴다는 말로 표현되어 있지만, 우리는 이것을 외교라고 부를 수 있을 것입니다. 외교의 큰 목적 중의 하나가 바로 전쟁 방지입니다. 외교가 실패하면 군인이 전쟁터로 나가게 될 수도 있습니다. 그런 뜻에서 외교를 군대의 가장 앞인 최전방이라고 하고, 외교관을 군대의 맨 앞에서 적을 살피는 임무를 맡은 첨병이라고 부르기도 합니다.

또한 외교는 나라 사이에 문제가 생겼을 때 이를 해결하는 일도 하지만, 문제가 생기기 전에 미리 예방하는 중요한 노릇도 해야 합니다. 국가 간 갈등이 충돌로 발전하지 못하도록 외교로 막아야 합니다. 일이 잘못되어 군사적인 충돌이 일어난다면 입을 손해가 너무도 크기에 미리 예방하는 외교 활동은 너무나도 중요합니다.

권력은
총구에서
나오지
않는다

평화를 원하면
평화를 준비하라

💬 역사상 가장 파괴적인 전쟁으로 얼룩졌던 20세기가 지나고 21세기를 맞은 지도 꽤 많은 시간이 흘렀습니다. 신문과 뉴스는 물론이고, 주위 어른들의 대화에서 전쟁에 관한 얘기를 끊임없이 듣습니다. 가족을 잃고 슬픔에 잠긴 사람들, 먹을 것이 없어 울부짖는 아이들, 폭격으로 집을 잃고 길바닥에 나앉은 사람들에 관한 얘기들은 늘 있습니다. 우리와 상관없는 이야기가 결코 아닙니다. 우리의 역사도 전쟁이 멈추지 않았고,

불과 반세기 전에 '제3차 세계대전'을 대신했다는 끔찍한 동족살상 전쟁
이 일어났습니다. 우리가 사는 이 땅은 지금도 세계에서 손꼽히는 전쟁위
험 지역입니다. 국가 간 전쟁은 물론이고 끔찍한 테러로 뒤덮인 오늘날의
지구에는 평화가 여전히 너무 멀리 있습니다. 우리에게 과연 전쟁을 피하
고 평화를 얻는 길은 있는 것일까요?

　"권력은 총구에서 나온다."라는 마오쩌둥의 유명한 경구가 있습니다.
이 말은 마오쩌둥이 1927년 혁명이 난관에 부닥치고 내분이 생기자, 혁명
에 성공하기 위해 무력투쟁을 강화해야 한다는 뜻으로 사용했습니다. 외

교보다는 군사력 증강을 통한 안보 강화를 부르짖는 사람들이 자주 애용하고 있으며, 정말 평화를 원한다면 막강한 군사력을 가져야 한다는 뜻으로도 응용되는 말입니다. 안보의식과 전쟁 준비 없이 평화만 말한다고 해서 평화가 저절로 오지는 않으니 이상주의를 버리고 현실적인 인식을 해야 한다는 뜻입니다.

▬▬▬ 마오쩌둥(중국의 정치가, 중국 공산당 정권 초대 국가 주석, 1893~1976)

이와 함께 인용되는 말로써 "평화를 원하면 전쟁을 준비하라(Si vis pacem para bellum)."가 있습니다. 4세기 로마제국의 군사전략가였던 플라비우스 베게티우스Flavius Vegetius가 남긴 말입니다. 로마가 당시 세계패권을 차지함으로써 수백 년간 평화로웠다는 소위 '팍스로마나Pax Romana', 즉 로마의 강성함으로 인해 평화롭다는 것입니다. 로마의 평화는 강력한 군사력 덕분에 가능했다는 말인 동시에, 강력한 로마가 존재함으로써 주위 국가들도 함부로 도전하지 않아 국제 정세도 안정됐다는 주장입니다.

틀린 말은 아닙니다. 놀라운 경제발전과 세계화에도 오늘날 지구 위 모든 국가가 강한 군사력을 가지고자 엄청난 노력을 기울이고 있습니다. 시대가 변했어도 국익은 물론이고 외교력조차도 힘으로 결정되는 예가 많습니다.

그러나 여기에는 함정이 있습니다. 겉으로 평화를 내세우면서도 실제로는 적대감을 부추기고 외부 위협을 과장해 자신의 권력욕을 채우려는 권력자들이 역사에도 무수하게 존재했으며, 지금도 마찬가지입니다. 총구에서 나오는 권력은 독재일 경우가 많습니다. 박정희나 전두환의 군사독재가 총구에서 나왔고, 북한을 지배하는 김일성−김정일−김정은으로 이어지는 세습권력 역시 총구에서 나온 불법적 정권입니다. 대한민국 헌법 제1조와 제2조가 분명하게 선언하듯이 대한민국은 민주공화국이며, 대한민국의 주권은 국민에게 있고 모든 권력은 국민에게서 나옵니다. 따라서 총구에서 나온 권력은 불의한 권력입니다.

전쟁 없는 세상을 바라는 사람들이나 평화를 외치며 거리를 행진하는 사람들을 향해 세상 물정 모르는 바보라고 공격합니다. 폭력 없는 세상을 꿈꾸는 것이 과연 철부지의 헛된 꿈일까요? 우리는 전쟁을 인정하고 군비 확장을 부르짖는 사람들을 우리는 매우 현실적이며 심지어 지혜롭다고 생각하기 쉬운 문화에서 살고 있습니다. 심지어 폭력은 자연의 법칙이고, 전쟁은 인간의 법칙이라는 주장까지 합니다.

그러나 그렇지 않습니다! 평화보다 전쟁이 당연하다는 식으로 가르치는 것은 분명 잘못입니다. 남북이 분단된 현실에서 북한의 핵 위협에 철저히 대비해야 한다는 것과 전쟁을 당연시하는 것은 전혀 다른 문제입니다. 전쟁을 대비하고, 또 때로 방위훈련을 할 수 있고, 해야 할 때도 있지만 이것은 '슬픈 현실'이지 '당연한 현실'은 아닙니다.

신학자이자, 탁월한 국제정치학자였던 라인홀드 니버는 "희망이 얼간이라면 공포는 거짓말쟁이다."라고 했습니다. 풀어서 말하자면, 필요성에 공감만 하면 세계가 저절로 평화로워진다는 희망은 어리석다. 또한 강자가 바라는 공포에 대한 무력감은 거짓이라는 뜻입니다.

전쟁의 공포를 조장하는 목적은 기득권의 유지에 있을 경우가 많습니다. 한국의 독재정권들이 북한의 위협을 과장해 전쟁의 공포를 부추긴 소위 '북풍'의 위력은 권력유지의 핵심 기반이었습니다.

아르노 그륀Arno Gruen도 『평화는 총구에서 나오지 않는다』라는 책에서 사람들은 불안한 사회에서 자신을 보호하기 위해 그 질서를 진리처럼 여기며 거짓된 요새에 자신을 가두게 된다고 말합니다. 작가는 1923년 독일 베를린에서 유대인으로 태어나 제2차 세계대전 때 나치를 피해 미국으로 건너가

『평화는 총구에서 나오지 않는다』 표지

심리학을 전공하고, 아동병원 정신과 의사가 됩니다. 그는 폭력과 전쟁에 대한 사람들의 맹목적인 복종을 비판하면서 새로운 평화의 꿈을 꾸라고 말합니다.

2002년 월드컵에서 우리의 응원구호로 유명한 "꿈은 이루어진다!"처럼 평화의 꿈은 이루어집니다. 전쟁의 원인은 많지만 평화는 오직 한 가지 이유밖에 없습니다. 폭력에 대한 공포와 두려움 없이 평온하게 살고 싶다는 갈망입니다. 대표적 평화학자 중 한 명인 디터 젱하스는 오랫동안 현실정치의 신념이 되어온 "평화를 원하면 전쟁을 준비하라."는 말을 강하게 부정하면서 그 대신 "평화를 원하면 평화를 준비하라(Si vis pacem,

러시아의 반전 시위(2013)

전쟁하는 인간

para pacem)."고 했습니다.

우리는 평소 '전쟁과 평화'라는 말과 '평화와 전쟁' 중에 어떤 것을 더 많이 사용하고 있을까요? 아마 전쟁이라는 말을 앞에 쓰는 경우가 훨씬 더 많을 것입니다. 책이나 영화 제목들도 전쟁을 앞에 두는 예가 대부분입니다. 이것이 그냥 버릇일 수도 있지만, 또 다르게 생각해보면 우리가 사는 인간 사회를 평화보다 전쟁이 더 가깝다고 보는 사람들의 마음 때문 아닐까요? 그런 점에서 이제부터라도 '전쟁과 평화'가 아니라 '평화와 전쟁'이라고 생각하고 또 말하는 게 어떨까요? 말을 바꾸면 생각이 바뀌고, 생각이 바뀌면 행동을 바꿀 힘이 생길 것입니다. 그리고 한 사람이 변하면 주위가 변하고, 또 온 땅이 달라질 수 있다고 믿습니다.

우리 사회의 저변에 흐르는 생각은 승자독식입니다. 어려운 세대를 살아온 어른이 살기 위해 앞만 보고, 때로는 목표를 위해 수단을 합리화하는 삶을 살아왔다 해도 청소년이 아무런 의문도 품지 않고, 잘잘못도 따지지 않고 통념대로 살아가서는 안 될 것입니다. 무조건 최고가 되어야 하고, 경쟁에서 지는 것은 용납할 수가 없고, 약한 자는 사라진다는 식의 사고방식을 저항하지 않고 따르는 것은 옳지도 않고, 결국 더불어 살아가는 행복한 삶은 불가능해집니다. 사람들의 고통과 아픔에 공감하며 그들을 도우며 함께 살아가는 삶이 진정한 인간의 삶입니다.

마틴 니묄러라는 목사의 '나치가 나를 덮쳤을 때'라는 제목의 시가 있습니다. 그는 처음에는 히틀러를 지지했으나 시간이 갈수록 악행을 일삼는 것을 목격한 뒤에 마음을 바꿨습니다. '고백교회'를 창설하고 히틀러에게 저항하였습니다. 이로 인해 체포되어 8년간 강제수용소에 갇히게 됩니다. 니뮐러 목사는 깊은 반성의 마음으로 "전쟁과 학살의 책임은 히틀러에게만 있는 것이 아니라 침묵했던 나에게도 있다."는 눈물의 고백과 함께 다음의 시를 남겼습니다.

나치가 나를 덮쳤을 때

나치가 공산주의자를 잡아갔습니다.
나는 침묵했습니다.
나는 공산주의자가 아니었기 때문입니다.

그들이 사회주의자를 잡아갔습니다.
나는 침묵했습니다.
나는 사회주의자가 아니었기 때문입니다.

그다음에 나치는 노동운동가를 잡아갔습니다.
나는 침묵했습니다.
나는 노동운동가가 아니었기 때문입니다.

그들이 유대인을 잡아갈 때
나는 침묵했습니다.
나는 유대인이 아니었기 때문입니다.

그들이 나를 잡아갈 때

나를 위해 항의해줄 이가

아무도 남아있지 않게 되었습니다.

 자신의 논리 쌓기

1. 전쟁을 바라보는 손자와 클라우제비츠의 차이는 무엇입니까?

2. 사대주의와 사소주의의 어원은 무엇입니까?

3. "희망이 얼간이라면 공포는 거짓말쟁이다."라는 라인홀드 니버의 말은 무슨 뜻일까요?

반가워 청소년 교양 1

전쟁하는 인간

초판 1쇄 발행 2016년 12월 7일
초판 3쇄 발행 2017년 10월 29일

지은이 김준형
그린이 이두나
펴낸이 나힘찬

마케팅총괄 고대룡
책임편집 김영주
책임디자인 손현주
사진제공 국립중앙박물관, 도서출판 창해, 김리하, 위키미디어커먼즈
인쇄총괄 야진북스
유통총괄 북패스

펴낸 곳 풀빛미디어
등록 1998년 1월 12일 제2015-000135호
주소 (04018) 서울시 마포구 월드컵로 65 양경회관 306호
전화 02-733-0210
팩스 02-6455-2026
전자우편 sightman@naver.com
이벤트블로그 blog.naver.com/pulbitmedia
홈페이지 pulbitmedia.modoo.at

ⓒ 김준형, 2016

ISBN 978-89-6734-044-5 44300
    978-89-6734-043-8 (세트)

「이 도서의 국립중앙도서관 출판예정도서목록(CIP)은 서지정보유통지원시스템 홈페이지(http://seoji.nl.go.kr)와
국가자료공동목록시스템(http://www.nl.go.kr/kolisnet)에서 이용하실 수 있습니다. (CIP제어번호: CIP2016028503)」